A Bibliography
of the
Works of Peter Martyr Vermigli

Habent sua fata libelli

Volume XIII
of
Sixteenth Century Essays & Studies
Charles G. Nauert, Jr., General Editor

Composed by NMSU typographers, Kirksville, Missouri
Cover Design by Teresa Wheeler, NMSU Designer
Printed by Edwards Brothers, Ann Arbor, Michigan
Text is set in Bembo II 10/12

A BIBLIOGRAPHY OF THE WORKS OF
Peter Martyr Vermigli

■

■

■

Compiled by
John Patrick Donnelly, S.J.

in collaboration with
Robert M. Kingdon,

with a Register of
Vermigli's Correspondence
by Marvin W. Anderson

VOLUME XIII

SIXTEENTH CENTURY ESSAYS & STUDIES

This book has been brought to publication with the
generous support of
Northeast Missouri State University
and the
Marquette University Jesuit Community

Library of Congress Cataloging-in-Publication Data

A Bibliography of the Works of Peter Martyr Vermigli / John Patrick Donnelly,
Robert M. Kingdon, and Marvin W. Anderson, editors.
  p. cm. -- (Sixteenth century essays & studies ; v. 13)
  Includes index.

  ISBN 0-940474-14-X (alk. paper)
  1. Vermigli, Pietro Martire, 1499-1562–Bibliography. I. Donnelly, John
Patrick, 1934- . II. Kingdon, Robert McCune, 1927- . III. Anderson, Marvin
Walter. IV. Series.
Z8933.3.B53   1990
[BR350.V37]
016.2706'092–dc20   90-38690
                                                                              CIP

Table of Contents

PETER MARTYR.

Preface

WITH THIS VOLUME John Patrick Donnelly brings to fruition a project I began more than twenty years ago. It was during the 1965-1966 academic year, which I spent as a member of the Institute for Advanced Studies in Princeton, that I first discovered the early Protestant theologian Peter Martyr Vermigli. I found that his writings summarized with unusual clarity the early Reformed position on all sorts of topics. The late Delio Cantimori, who was also a member there for a part of that year, helped lead me to this discovery. I quickly added an appendix on Vermigli's political thought to a book which I was then writing, *Geneva and the Consolidation of the French Protestant Movement, 1564-1572* (Geneva: Droz, and Madison: University of Wisconsin Press, 1967).

I then decided to plunge more deeply into Vermigli studies, with special attention to his political thought, encouraged in part by the editors of the *Corpus Reformatorum Italicorum,* Luigi Firpo, Antonio Rotondò, Giorgio Spini, and John Tedeschi. In 1968, the American Philosophical Society provided me with a grant for a summer trip to Europe to locate and examine copies of the books of Vermigli. I used the grant to examine copies in libraries in Geneva, Zurich, Paris, London, The Hague, and elsewhere. The Research Committee of the University of Wisconsin-Madison's Graduate School that same year provided funds to hire a project assistant, Malcolm Sylvers, then a graduate student, who helped supplement this list from printed catalogues.

Meanwhile John Patrick Donnelly had begun work on another strand of Vermigli's thought for a dissertation in history at the University of Wisconsin-Madison, which was later published as *Calvinism and Scholasticism in Vermigli's Doctrine of Man and Grace* (Leiden: Brill, 1976). He soon became more deeply immersed than I in Vermigli studies, whereupon I turned over all my lists and notes on Vermigli printings and asked him to complete the bibliography. On repeated trips to Europe, he rechecked every single book in the lists, and a good many more. He also prepared more extended bibliographic descriptions of all the books, and obtained photocopies of the title pages of practically every book. Our goal was to prepare a full bibliography on the model of the *Bibliographie des oeuvres théologiques, littéraires, historiques et juridiques de Théodore de Bèze* prepared by Frédéric Gardy and Alain Dufour (Geneva: Droz, 1960).

Our next step was for Donnelly to prepare a short-title list of Vermigli imprints which was published as an appendix to my book, *The Political Thought of Peter Martyr Vermigli: Selected Texts and Commentary* (Geneva: Droz, 1980). Feedback from that version helped improve the final product in many ways. Now the complete bibliography is at last ready. We hope it will prove useful to the next generation of specialists interested in this influential early formulator of Reformed thought.

Robert M. Kingdon

University of Wisconsin-Madison
March, 1990

Introduction

DURING THE LAST THIRTY YEARS, interest in Pietro Martire Vermigli (better known as Peter Martyr in the English-speaking world), his theology, and writings has grown remarkably, and he has attracted more scholarly interest, at least outside Italy, than any other of the Italian Protestant Reformers. This is only right since his influence, although diffuse, was greater during the period 1550-1650 than that of any other Italian Protestant. Pietro Paolo Vergerio was more prolific but less learned; Fausto Sozzini's theology was more innovative but was influential mainly on the geographical and theological fringes of Protestant Europe. Scholarly work on Martyr peaked in the early 1970s, then abated somewhat in the 1980s, but now seems to be gaining a second wind for the 1990s since Joseph McLelland, the pioneer of North American Vermigli studies, has gathered a team of scholars to edit and translate Martyr's major writings.

This bibliography is designed to guide future researchers to his writings. Most of this bibliography is devoted to presenting data on Martyr's published works, but Marvin Anderson has enriched it by providing a register of Martyr's correspondence which notably expands the register he published in 1975.[1] Although the vast majority of Martyr's extant letters have been printed, there is no edition of his correspondence, which remains scattered in a dozen works.

Arranging and ordering a bibliography of an author forces a number of fairly arbitrary decisions. One can arrange the works alphabetically, but that is artificial at best and can be misleading when the same work is published in different languages or under slightly different titles. More logical is a chronological listing, but this too can present problems. Should the bibliography list works in the order of their composition or of their publication? We have opted for a chronological listing in the order of first editions, not least because so many of Martyr's works were published posthumously. The bulk of Martyr's writing was biblical commentaries, and the first commentary he wrote, on Genesis, appeared in print seven years after his death.

This bibliography divides Vermigli's works into three groups: major works, minor works and partial works or extracts. Major works are those

---

[1]Marvin W. Anderson, *Peter Martyr: A Reformer in Exile (1542-1562)* (Nieuwkoop: B. De Graaf, 1975) 467-86.

that constitute a normal sized book. The minor works were issued in the sixteenth century as pamphlets – most of them were in fact letters that were printed separately. The final category, partial works and extracts, was printed in books that are mainly devoted to the writings of other authors; in this category the stress falls on older editions, generally from the sixteenth and seventeenth centuries. Recent works which publish Vermigli letters and extracts, such as the multi-volume correspondence of Theodore Beza, or Anderson's volume on Martyr, have been excluded. Even more extensive are the extracts printed in Robert M. Kingdon's *The Political Thought of Peter Martyr Vermigli: Selected Texts and Commentary.* Modern works on Vermigli such as these are listed separately at the end of this volume.

Each major work of Vermigli has been assigned a Roman numeral, I to XIV, according to the year of the first edition. Each edition also carries an Arabic numeral, again chronologically in the order of publication. When (for instance, III, 4 and 5 and XIII, 4 and 5) Latin and vernacular editions were published in the same year, the Latin original is listed first. Minor works are also listed by Roman numerals (XV-XXIV) in the order of first publication; when there is more than one edition of a minor work, each also receives an Arabic numeral according to the date of its publication.

For each of the major works we provide a photograph of the title page, then a short title, followed by information about the place of publication, the publisher, and the date of publication. Usually this information is drawn from the title page itself. When we have had to supply publication data from other sources (usually the colophon), we put the information in square brackets. We then state the format of the volume (folio, quarto, and so forth), with an approximate measurement in centimeters. Because of cropping and other factors, measurements often vary a bit from copy to copy. We then generally list the number of pages or folios, depending on whether the volume is paginated or foliated. Some works are neither paginated nor foliated. Next we provide the gatherings. Martyr's major works usually have one or more prefatory letters; we generally list these. The letters sometimes vary from edition to edition of the same work. Most editions of Martyr's major works contain one or more indices – often a subject index ("rerum et verborum"), an index of authors cited, and an index of biblical passages cited. After the first edition of a major work we usually supply information about the time, place, and circumstances of composition.

Martyr's biblical commentaries proceed passage by passage, but he intersperses the commentary proper with *loci communes* or excursuses which provide a more systematic treatment of theological, ethical, philosophical or social problems suggested by the biblical text. The number and length of the *loci communes* vary enormously. Those on justification and predestination in the Romans commentary could almost stand as short books. The common places in the Old Testament commentaries are more numerous but much shorter, sometimes only a paragraph. For the Old Testament commentaries, except for the short work on Lamentations, we have appended after the first edition a list of common places in their Latin alphabetical order, which we borrow from the lists printed in most editions. We have slightly simplified the lists by removing reduplication (e.g., *Dei nomina; nomina Dei*). It is, of course, mainly these common places that Robert Masson drew upon when he compiled Martyr's most important work, the *Loci Communes*. We considered adding a list of the common places in the *Loci Communes* but decided against it for two reasons. The list would be several pages long. Moreover the order varies a bit from edition to edition. The first and basic edition was that published by Masson in London in 1576 (our entry XIII, 1). Entries XIII, 3 (Basel, 1580); XIII, 4 (London, 1583 in Latin); and XIII, 5 (London, 1583 in English) are somewhat idiosyncratic. It was entry XIII, 2 (Zurich, 1580) that became the model for the all the later editions published between 1587 to 1656.

Finally we give a list of libraries that possess a specific edition of a Vermigli work. We have not tried to indicate whether a library possesses more than one copy of the edition, nor have we listed privately owned copies since these are more subject to sale and are less accessible than library copies. We have not listed microform copies, although it was not always possible to distinguish from catalogues such as Mansell whether libraries, especially in the United States, possessed an original edition or only a microform copy. Scholars may in fact find microform copies more useful since libraries are more willing to loan them. Here we note that the Library of the University of Wisconsin-Madison has a microform copy of one or another edition of almost all Martyr's major works. Our list of libraries does not pretend to be exhaustive, although we are confident that we have located the majority of extant Vermigli editions.

Robert M. Kingdon's *The Political Thought of Peter Martyr Vermigli: Selected Texts and Commentary* contained an appendix by J. P. Donnelly, "Short Title Bibliography of the Works of Peter Martyr Vermigli" (pp. 169-85) which was a preliminary version of this study. The list of library holdings from that work have here been considerably augmented from four sources. The continuation of the Mansell catalogue of American libraries down to Vermigli has allowed us to increase our coverage of American libraries. The earlier list covered the Bodleian but not the rich holdings in the various college libraries at Oxford, which are now included. In 1989 Marvin Anderson was able to supply new data about holdings in Polish, Czech, and German libraries. Finally several scholars sent in supplements to the 1980 list. Doubtless further investigation would discover more holdings, particularly in Italy and the Netherlands. A visit to the Vatican Library in 1972 proved disappointing, and Italian holdings outside Florence were not investigated. Vermigli studies have not flourished in his *patria*, except in the small Italian Protestant community. It seems that neither Italian Catholics nor scholars of the secular liberal-left find him a sympathetic figure. Despite their strong Reformed tradition and flourishing book trade, Dutch publishers largely ignored Vermigli; still, a more careful examination of Dutch libraries would probably turn up more Vermigliana.

Vernacular translations are less likely than Latin editions to survive the ravages of time and find a place on the shelves of major libraries. It is noteworthy that the three most important new entries (IX, 5; X, 9; and XXIII, 2) not noted in the 1980 list are translations, the first into German and the other two into Czech. There was almost certainly a French translation of Martyr's *Dialogus de utraque in Christo natura* (entry VII) but it is not listed in the bibliography because no copy seems to have survived.[2]

The list of libraries in a bibliography such as this serves several purposes.[3] The most important and obvious is to guide scholars to rare books. It also allows librarians to gauge quickly the relative rarity of a given edition. Finally it suggests the range of an author's influence. The number of Vermigli volumes which Marvin Anderson recently found in Czech and Polish libraries indicates that Martyr was read in Slavic lands more than earlier evidence suggested. Still arguments based on library holdings must be made with caution, not least because it is often not clear when libraries acquired specific copies. Sometimes inscriptions on the title page give evidence of previous ownership. Rather interestingly, inscriptions indicate that several volumes of Vermigli's works were once owned by Jesuit colleges – we may be sure that they were not made available to students. Several of the title pages photographed and printed here (entries III, 1; IV, 1; VI, 1; VII, 1) contain envoys in Vermigli's autograph.

The presentation of Vermigli's minor works in this volume parallels that of his major works. Usually we give a photograph of the title page, the short title, the format, measurements, pagination and gatherings, and information about prefatory materials. For the minor works in English we supply the Pollard and Redgrave *Short Title Catalogue* number. Our presentation of works containing Vermigli extracts, most of which are quite short, is more summary. They are merely listed alphabetically by author, without Roman or Arabic numerals. We try to give information about the extracts but do not print photographs of the title pages nor attempt to list all editions. For extracts we give only one library location. Some of these works were printed many times, for instance the Elizabethan *Book of*

---

[2] A translation by Claude de Kerquefinen seems to have been published at Lyon in 1565: see S. F. Baridon, *Claude de Kerquefinen, italianisant et hérétique* (Geneva: Droz, 1954), 16.

[3] Libraries are listed alphabetically by the city in which they are found. In a few cases the city is omitted when it should be obvious to scholars – thus British L stands for the British Library in London; Yale stands for the Yale University Library in New Haven. The names of libraries in Western Europe and North America are designated in the native language, often abbreviated; libraries in eastern Europe are usually given in English. A glance at a guide such as *The World of Learning* can provide exact addresses for libraries and clear up most problems arising from abbreviations.

Homilies. To have attempted the same degree of coverage provided for the major and minor works would have much expanded this volume without a notable increase in usefulness.[4]

To enhance the usefulness of this bibliography we have added a list of polemical works against Vermigli and a bibliography of studies on him. This last is necessarily a bit arbitrary. We have omitted encyclopedia articles, which are easy to locate. We have restricted our list to books and articles that have Martyr as a primary or major focus. This excludes many recent books which devote a few pages or paragraphs to him, but a line must be drawn somewhere.

A project such as this depends on the help and cooperation of many scholars. The greatest debt is owed to librarians in many countries who gave of their time and skill. That is why this volume is dedicated to them. The richest collection of Vermigliana in the world is in Zurich's Zentralbibiothek; special thanks are due to Dr. J. P. Bodmer and Dr. M. Germann at Zurich for going out of their way to be helpful. Among the many other librarians that have helped us we must note Dr. Mirko Velinsky of the State Library in Prague, Dr. Jürgen Erdmann of the Landesbibliothek, Coburg, and Philippe Monnier of the Bibliothèque publique et universitaire of Geneva. The following scholars sent information about the location of Vermigli volumes: Jean-François Gilmont (Louvain-la-Neuve); Paul Grendler (University of Toronto); Mark Harris (Corpus Christi College, Oxford); Tibor Klaniczay (the Hungarian Academy of Sciences, Budapest); Francis Paul Prucha (Marquette University); the late Howard Rienstra (Calvin College); John Sheehan (Loyola University, Chicago); Lech Szczucki (Warsaw); John Tedeschi (University of Wisconsin-Madison); A. D. Wright (University of Leeds); and Lowell Zuck (Eden Seminary). Frank A. James III (Westmont College), and Robert Schnucker (Northeast Missouri State University) gave the project much needed encouragement. David Daniel (Concordia Seminary) and Karel Bicha (Marquette University) lent their expertise with Czech. John Tedeschi gave wise counsel and saved us from several slips. John Horgan (Marquette University) was responsible for most of the computerization of this work. Philip McNair hosted me at Darwin College while I investigated the Vermigliana at Cambridge University. Marvin Anderson lent help in many ways at several stages of the project.

---

[4]The catalogue of the British Museum, now the British Library, as well as several other libraries, attributes to Vermigli four editions, two in Latin and two in German [British L. listings 601. a 16; 9366. 1.6; C. 33. g. 23; 10808. b. 14], of a narration of events surrounding the death of Edward VI on the basis of their being designated as "Scripta a P.V." and the fact that Vermigli was in England at the time. This attribution seems wrong; Vermigli never designated himself as P.V., but rather as Peter Martyr: on this erroneous attribution see Joseph McLelland, *The Visible Words of God,* 264. Even more baseless is the attribution in the British Library's catalogue [listing 4426. de. 21] to Vermigli of a collection of sermons published at Cremona in 1614.

Finally thanks are owed to the Marquette University Jesuit Community for its financial help toward the publication of this work.

Many libraries have granted us permission to publish photographs of title pages from their collections. We wish to thank and acknowledge the permission of the Zurich Zentralbibliothek for entries I, 1, 3, 4; II, 1, 2, 3, 4; III, 1, 4, 6; IV, 1; V, 1, 2; VI, 1, 5; VII, 1, 3, 4, 5; VIII, 1, 3; IX, 1, 2, 3; X, 1, 2, 5, 7, 8; XI, 1, 2, 4; XII, 1, 2; XIII, 2, 3, 6, 7, 11, 12; XIV, 1; XIX; and XXIII; of the Bibliothèque publique et universitaire, Geneva, for entries I, 5; III, 8; XIII, 13; XV, 1; XVIII; and XXI; of the British Library, London, for entries I, 2; III, 5; VI, 2; X, 3; XIII, 1, 4, 5, 14; XVI; XXII; and XXIV; of the University of Edinburgh Library for entries III, 2; VI, 4; VII, 2; VIII, 2; XII, 3 and XV, 2; of the Universitätsbibliothek, Heidelberg, for entries III, 7; VI, 6; IX, 4; XI, 5; of the Schweizerische Landesbibliothek, Bern, for entries III, 3; XV, 3; XX, 2; of the Board of Trinity College, Dublin, for entries I, 6 and XIII, 9; of the Bibliothèque nationale et universitaire, Strasbourg, for entries X, 4 and XIII, 8; of the Bibliothèque cantonale et universitaire de Lausanne for entries VI, 3 and X, 6; of the State Library of the Czech Socialist Republic, Prague, for entries X, 9 and XXIII, 2; of Cambridge University Library for entry XIII, 10; of the Bayerische Staatsbibliothek, Munich, for entry I, 7; of the Biblioteca nazionale centrale, Florence, for entry XX, 1; of the Folger Shakespeare Library, Washington, for entry XVII; of the Landesbibliothek, Coburg, for entry IX, 5; of the University of Illinois Library, Urbana, for entry XIII, 10; and of the University of Budapest Library for entry XIII, 8.

John Patrick Donnelly, S.J.

Marquette University
Milwaukee, Wisconsin
May, 1990

The Bibliography

TRACTATIO

DE SACRAMENTO EV-
chariſtiæ, habita in celeberrima vniuerſitate OXONIENSI in Anglia, per
D. PETRVM MARTYREM
VERMILIVM FLOREN-
tinum, Regium ibidem
Theologiæ profeſſorem, cum
iam abſoluiſſet interpre-
tationem . ii capi-
tis prioris
epiſtolæ D. Pauli Apoſtoli
ad Corinthios.

AD HEC.

Diſputatio de eodē

EVCHARISTIAE SA-
cramento, in eadem Vniuerſitate
habita per eundem D.P.MAR.
ANNO DOMINI
M. D. XLIX.

Londini, ad æneum ſerpentem.

The Bibliography

PART A: MAJOR WORKS.

Listed chronologically in the order of first editions.

I. TRACT AND DISPUTATION ON THE EUCHARIST

1. *Tractatio de sacramento eucharistiae, habita in universitate Oxoniensi. Ad hec. Disputatio habita M.D. XLIX.* London: [R. Wolfe], 1549, 4°, ca. 13.5:19 cm. Fols. 1–67 for *Tractatio*, fols. 2–90 for *Disputatio*. Gatherings: a⁴b⁶ A–R⁴. STC 24673. This edition contains a prefatory letter from Martyr to Archbishop Thomas Cranmer.

    Disputatio de Eucharistiae sacramento habita in celeberrima Universitate Oxonieñ in Anglia. This is printed with the above but has separate pagination and signatures. 4°, ca. 13.5:19 cm. Gatherings: blank⁴ a–z⁴ Aa⁴. The last five pages print the oration given by Richard Cox at the end of the disputation, which was held at Oxford May 28–June 1, 1549.

Locations: Boston, Athenaeum; British L; Cambridge UL; Edinburgh UL; Folger; London, Dr. Williams's; Munich BSB; New York, Union Theological, General Theological; Oxford, Bodleian, Magdalen, University College; Zurich ZB.

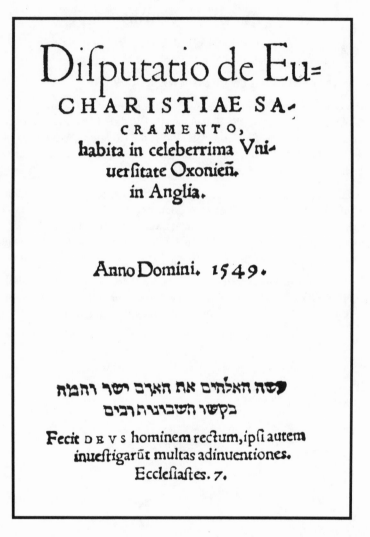

Disputatio de Eu=
CHARISTIAE SA-
CRAMENTO,
habita in celeberrima Vniuerſitate Oxonieñ.
in Anglia.

Anno Domini. 1549.

עשה האלהים את האדם ישר והמה
בקשו חשבונת רבים

Fecit D E V s hominem rectum, ipſi autem
inueſtigarũt multas adinuentiones.
Ecclefiaſtes. 7.

2.   *A Discourse or traictise of Petur Martyr Vermill a Florentine, wherin he declared his iudgemente concernynge the sacrament of the Lordes supper.* (Tr. N. Udall.) [London: Robert Stoughton for Nycholas Udall, 1550]. 4°, ca. 13.5:19 cm. Fol. CX. Gatherings: $*^4 *^1$ A–Z^4 A^4 Aa–Cc^4 Dd^2. STC 24665. This edition contains a prefatory letter to Sir William Parr, Earl of Essex, fols. $*^4$–$*^1$. The colophon states that the book was printed at London by Robert Stoughton for Nycholas Udall.

Locations: British L; Cambridge, King's; Dublin, Trinity; Edinburgh SNL; Folger; Harvard; Oxford, Bodleian; San Marino, Calif., Huntington; Urbana UIL; Yale.

H. 26. d. 28
(Mf. 99, reel
157, no. 17)

3. *De Sacramento eucharistiae in celeberrima Angliae schola Oxoniensi habita tractatio.* Zurich: A. Gesner and R. Wyssenbach, 1552. 8°, ca. 10:15 cm. Pp. 259, with the text of the *Tractatio* on pp. 38–258. Gatherings: a, b⁸A–V⁸. There is a prefatory letter of Johann Wolf to John Butler, a²⁻⁸. Pages b²⁻⁸ contain a summary of the views of the pope, Luther, and Zwingli on the eucharist. Pp. 1–37 print Martyr's letter to Cranmer. There are three indices [R²ᵛ–V⁶ʳ] followed by St. Augustine's letter to Dardanus, V⁶ᵛ⁻⁸ʳ.

PETRI MARTYRIS

VERMILII FLORENTINI
uiri doctif. de facramento eucha-
riftiæ in celeberrima Angliæ
fchola Oxonienfi ha-
bita tractatio.

TIGVRI APVD ANDREAM
Gefnerum F. & Rodolphum
Vuyffenbachium. Anno
M. D. LII.

Disputatio de eucharistiae sacramento habita in celeberr. Universitate Oxonien. in Anglia. . . . Zurich: A. Gesnerum and R. Wyssenbach, 1552. 8°, ca. 10:15 cm. This is usually bound with the above but has a separate signature: A, A–V, Aa–Cc⁸Dd⁴. There is a copy in Zurich ZB that is bound separately and has three additional indices [to Scripture, the Church Fathers and "Rerum et Verborum"], pp. Aa–Cc⁸ Dd³ᵛ. The *Disputatio* includes prefatory letters of Johann Wolf to Peter Simler [A²ʳ–A⁸ᵛ] and of Martyr to the reader [A¹ʳ–A³ʳ]. Then follows a letter of the ten legates who presided at the Disputation [A³ᵛ–A⁶ᵛ]. The text of the *Disputatio* is pp. 3–294 [A⁷ʳ–V⁶ʳ]. Pp. 295–303 prints an oration by Richard Cox, the University Chancellor.

Locations: Augsburg SB; Berlin, Deutsche Staatsbibliothek DDR; Cambridge, Emmanuel, King's; Dillingen, Studienbibliothek; Dublin, Trinity; Geneva BPU; Göttingen UB; Munich BSB; New Brunswick NJ, Theological Seminary; New York, Columbia UL; Nuremberg SB; Oxford, Christ Church, Queen's; Paris BN; Regensburg SB; St. Louis, Eden Seminary; Stanford; Tübingen UB; Utrecht UB; Vienna ONB; Wolfenbüttel HAB; Wrocław, Univ. Bib.; Zurich ZB.

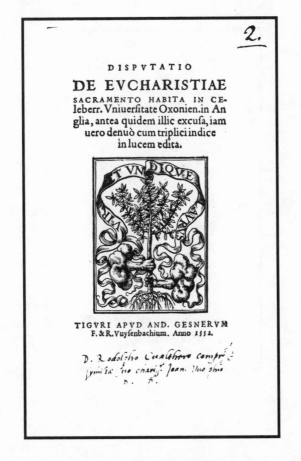

4. *De Sacramento eucharistiae in celeberrime Angliae schola Oxoniensi habita tractatio.* Zurich: A. Gesner, 1557. 8°, ca. 10:16 cm. The text of the *Tractatio* is on pp. 38–258. Gatherings: a, b⁸A–V⁸. There is a prefatory letter of Johann Wolphius to John Butler, a²⁻⁸. Pages b²⁻⁸ contain a summary of the views of the pope, Luther, and Zwingli on the eucharist. Pp. 1–37 print Martyr's letter to Cranmer. This edition is often bound with *Disputatio de eucharistiae sacramento habita in celeberrima universitate Oxoniensi in Anglia. . . .* Zurich: A. Gesner, 1557. 8°, ca. 10:16 cm. Gatherings: + 8 A–V⁸, Aa–Cc⁸ Dd⁴; the pagination, prefatory material and indices [Aa–Cc⁸Dd⁴] are identical with the previous Gesner edition of the *Disputatio* [entry I.3].

Locations: Ansbach SB; Berlin, Deutsche Staatsbibliothek DDR; Cambridge, Emmanuel; Dillingen, Studienbibliothek; Florence BNC; Freiburg iB UB; Kraków, Bib. Jag.; Munich UB; Oxford, Queen's; Paris BN; Urbana UIL; Warsaw, Univ. Bib.; Wrocław, Univ. Bib.; Zurich ZB.

DISPVTATIO

DE EVCHARI-
STIAE SACRAMENTO HA
BITA IN CELEBERRIMA VNI
verfitate Oxoniensi in Anglia, antea quidem illic excusa, iam vero denuò
cum triplici Indice in lucem edita.

TIGVRI APVD AND. GESNE-
RVM, ANNO M. D. LVII.

5. *Traicte du sacrement de l'eucharistie* [Geneva]: N. Barbier and T. Courteau,
    1557. 8°, ca. 9.5:15 cm. Pp. 276. Gatherings: A–S[8]. Pp. 3–36 print
    Martyr's letter to Cranmer; pp. 37–50 give a summary of the views of
    pope, Luther and Zwingli on the eucharist. The text of the *Tractatio* is pp.
    51–276. There is an index, S[3–8].

Locations: Freiburg iB UB; Geneva BPU; Oxford, Bodleian; Paris BN; Strasbourg
BNU; Utrecht BU.

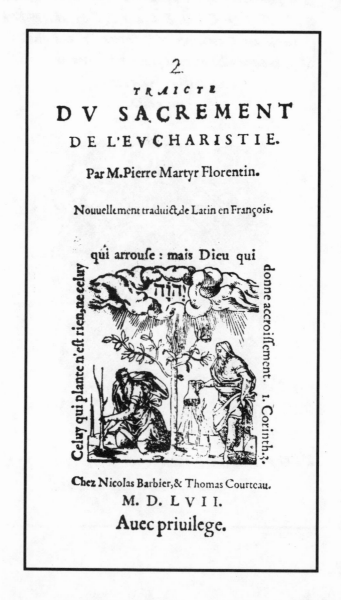

6. *Discorso di M. Pietro Martire Vermiglii Fiorentino, huomo dotiss. fatto ne l'honoratissima scuola Ossoniense in Inghilterra intorno al Sacramento de l'Eucharistia.* Geneva: J. Bourgeois, A. Davodeau, and F. Jaquy, 1557. 16°, ca. 7:10.5 cm. Pp. 361. Gatherings: a–z⁸. Index pp. Z^{5v-7v}.

Location: Paris BSHPF.

7. *Traitte du sacrement de l'eucharistie.* No place or publisher, 1562. 8°, ca.
    10:17 cm. Pp. 267. Gatherings: A–S⁸. Pp. 3–34 print Martyr's letter to
    Cranmer, pp. 34-54 give the views of the pope, Luther, and Zwingli on
    the Eucharist, pp. 55–267 print the *Tractatio*. There is an index, R⁷ʳ–S⁷ʳ.
    The *Tractatio* is reprinted in entry XIII, 3 (the Basel *Locorum Communium
    II*, 1219-1338) and as an appendix to entry V, 2 (the 1562 *Defensio*
    against Gardiner). The *Tractatio* is also excerpted in the various editions
    of the *Loci Communes* as IV, 10.

Locations: Kórnik, Bib. PAN; Munich BSB; Oxford, Magdalen; Paris BSHPF.

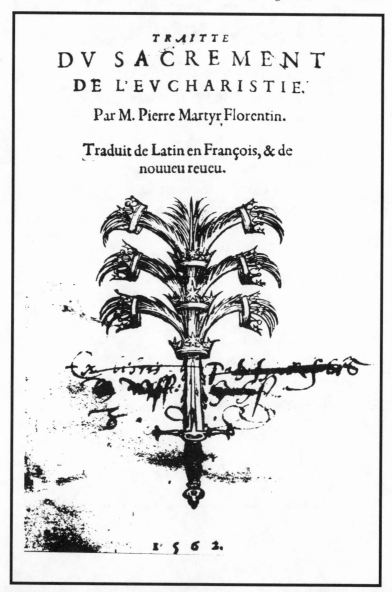

TRAITTE
DV SACREMENT
DE L'EVCHARISTIE.

Par M. Pierre Martyr Florentin.

Traduit de Latin en François, & de
nouueu reueu.

1562.

II. COMMENTARY ON THE FIRST EPISTLE TO THE CORINTHIANS.

1. *In selectissimam D. Pauli Priorem ad Corinth. epistolam Commentarij.* . . . Zurich: C. Froschauer, 1551. 4°, ca. 14.5:22 cm. Fol. 457. Gatherings: α⁴, A–Z, a–z, Aa–Zz, AA–XX⁴, YY⁶, aaa–kkk⁴. One state omits the place and publisher. The prefatory letter to Edward VI is α^{2r-4v}. There are indices for places, scripture citations, and "rerum et verborum" *[aaa¹–kkk⁴]*. The commentary on First Corinthians contains the following common places: *de purgatorio, de libero arbitrio, de iustificatione, de excommunicatione, an christiano litigare licet, de ciborum delectu, de operibus supererogationis.* Martyr's commentary on First Corinthians is based on his lectures at Oxford in 1548 and 1549. Its statements on the eucharist precipitated the Oxford Disputation of 1549: see entry I.1. Richard Smith attacked its teaching on clerical celibacy, to which Martyr replied in entry IV.1. There are two different title pages for this edition, which is otherwise identical. The colophon supplies the place and publisher where it is lacking on the title page.

Locations: Berlin, Deutsche Staatsbibliothek DDR; Bern SB; Budapest, Academy of Sciences; Edinburgh UL; Florence BNC; Grenoble BP; Harvard-Andover; Kraków, Bib. Jag.; Lausanne BCV; Munich BSB; Oxford, Balliol, Magdalen; Rome BNC; St. Gallen SB; Schaffhausen SB; Tübingen UB; Vienna ONB; Winterthur SB; Wolfenbüttel HAB; Zurich ZB.

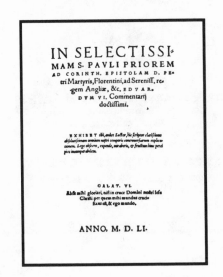

IN SELECTISSI-
MAM S· PAVLI PRIOREM
AD CORINTH. EPISTOLAM D. PE-
tri Martyris, Florentini, ad Sereniff. regem Angliæ, &c. ED V A R-
D V M V I. Commentarij
doctiffimi.

EXHIBET tibi, amice Lector, hic scriptor clarissimus absolutissimam omnium nostri temporis controuersiarum explicationem. Lege obsecro, expende, utere deriue, & fructum hinc percipies incomparabilem.

GALAT. VI.
Abfit mihi gloriari, nifi in cruce Domini noftri Iefu Chrifti: per quem mihi mundus crucifixus eft, & ego mundo.

ANNO· M· D· LI·

IN SELECTISSI:
MAM S. PAVLI PRIOREM
AD CORINTH. EPISTOLAM D. PE-
tri Martyris, Florentini, ad Sereniss. regem Angliæ, &c. EDVAR-
DVM VI. Commentarij
doctissimi.

EXHIBET *tibi, amice Lector, hic scriptor clarissimam absolutissimam omnium nostri temporis controuersiarum explica-tionem. Lege obsecro, expende, miraberis, & fructum hinc perci-pies incomparabilem.*

GALAT. VI.
Absit mihi gloriari, nisi in cruce Domini nostri Iesu
Christi: per quem mihi mundus cruci-
fixus est, & ego mundo.

TIGVRI EX OFFICINA CHRIST.
FROSCHOVERI, ANNO
M. D. LI.

2. *In selectissimam D. Pauli priorem ad Corinthios epistolam . . . Commentarii. . . .*
    Zurich: C. Froschauer, 1567. Folio, ca. 20:32 cm. Fol. 242. Gatherings:
    aa⁶, a–z A–Q⁶R⁸S–V⁶. This edition prints the prefatory letter to Edward
    VI [aa²ʳ⁻ᵃa⁵ᵛ] and scripture, author, and "rerum et verborum" indices [s¹⁻⁵ᵛ].

Locations: Berlin, Deutsche Staatsbibliothek DDR; Bludov, Castle Lib.; British
    L.; Cambridge, Corpus Christi, King's, Magdalene, Peterhouse; Geneva
    BPU; Lausanne BCV; Leiden UB; Maldon, Plume; Oxford, New College,
    University College; Sárospatak, Reformed Church Library; Wrocław, Univ.
    Bib.; Zurich ZB.

3. *In selectissimam D. Pauli priorem ad Corinthios epistolam . . . Commentarii. . . .*
    Zurich: C. Froschauer, 1572. Folio, ca. 20:32 cm. Fol. 242. Gatherings:
    aa^{6}a–z, A–Q^{6}R^8*^{6}**^{4}***^{6}. The prefatory letter to Edward VI is fols. aa^{2-5v}.
    The scriptural, author and "rerum et verborum" indices are fols. *^{1}–***^{6}.
    In some copies the indices are bound after aa^6.

Locations: Basel UB; Budapest, Library of the Central Seminary; Cambridge UL,
Caius, Clare, St. John's; Debrecen, Reformed Church Library; Edinburgh, New
College L; Göttingen UB; Kórnik, Bib. PAN; Lausanne BCV; Lawrence UKL;
Munich BSB, UB; Nuremberg SB; Oxford, All Souls, Christ Church, Corpus Christi,
Pembroke, Queen's, Worcester; Toruń, Univ. Bib.; Urbana UIL; Wolfenbüttel HAB;
Wrocław, Univ. Bib.; Zurich ZB.

IN SELECTISSIMAM

D. PAVLI PRIOREM AD CO-
RINTHIOS EPISTOLAM, D. PETRI
Martyris Vermilii Florentini, ad Sereniss.
Regem Angliæ, &c. EDVAR-
DVM VI. Commentarii
doctissimi.

EDITIO secunda, priori longe emendatior.

EXHIBET *tibi, amice Lector, hic scriptor clarissimus,
absolutissimam omnium nostri temporis controuersiarū
explicationem. Lege obsecro, expende, miraberis, & fructum hinc percipies incomparabilem.*

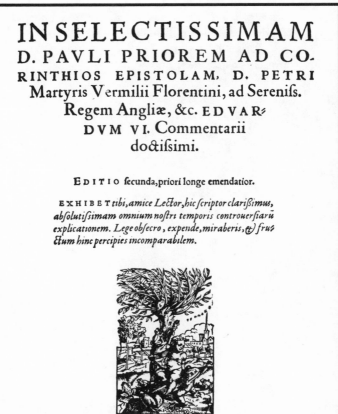

GALAT. VI.

ABSIT mihi gloriari nisi in cruce Domini nostri IESV CHRISTI,
per quem mihi mundus crucifixus est, & ego mundo.

TIGVRI

APVD CHRISTOPHORVM FROSCHOVERVM
ANNO M. D. LXXII.

4. *In selectissimam D. Pauli priorem ad Corinthios epistolam . . . Commentarii. . . .*
    Zurich: C. Froschauer, 1579. Folio, ca. 20.5:32.5 cm. Fol. 242. Gatherings:
    aa^6a-z, $A-Q^6R^8*^6**^4***^6$. Indices as in entry II.3. In some copies the
    indices are bound after aa^6.

Locations: Cambridge UL, Christ's, Emmanuel, Queens', Sidney; Dublin, Trinity;
Groningen UB; Harvard-Andover; Lausanne BCV, BP; London, Dr. Williams's;
Nuremberg SB; Paris BN; Oxford, Bodleian, Merton, St. John's, Wadham;
Székesfehérvár, Episcopal Library; Zurich ZB.

2.

IN SELECTISSIMAM
D. PAVLI APOSTOLI PRIOREM
AD CORINTHIOS EPISTOLAM, D. PEtri Martyris Vermilii Florentini, ad Sereniss. Regem Angliæ, &c. EDVARDVM VI. Commentarii doctissimi.

EDITIO tertia, prioribus longe emendatior.

EXHIBET *tibi, amice Lector, hic scriptor clarißimus, absolutißimam omnium nostri temporis controuersiarum explicationem. Lege obsecro, expende, miraberis, & fructum hinc percipies incomparabilem.*

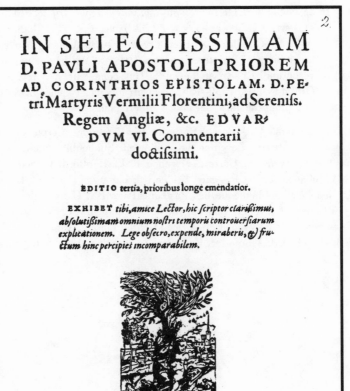

GALAT. VI.

ABSIT mihi gloriari nisi in cruce Domini nostri IESV CHRISTI, per quem mihi mundus crucifixus est, & ego mundo.

TIGVRI
APVD CHRISTOPHORVM FROSCHOVERVM
ANNO M. D. LXXIX.

III. COMMENTARY ON THE EPISTLE TO THE ROMANS

1. *In Epistolam S. Pauli Apostoli ad Romanos commentarij doctissimi.* . . . Basel: P. Perna, 1558. Folio, ca. 22:33.5 cm. Pp. 643. Gatherings: a^6*^4a–z, A–Z, Aa–Gg⁶Hh⁴a–δ^6. Prefatory letter to Sir Anthony Cooke, a^{4v-6}. There are indices of scripture passages [a^{4v-6} at the beginning] and "rerum et verborum" [a^8–δ^5 at the end]. This commentary, a revision of Martyr's Oxford lectures, 1550–1552, contains very long common places on justification and predestination that attack Albert Pighius.

Locations: Aarau AKB; Basel UB; Boston PL; Cambridge, Corpus Christi, Pembroke; Chicago, Newberry; Deventer AB; Dillingen, Studienbibliothek; Edinburgh, New College L; Evanston, Garrett; Florence BNC; Hereford, Cathedral L; Lausanne BCV, Bibliothèque des Pasteurs; Leiden UB; Library of Congress; Lincoln, Cathedral L; Neuchâtel, Bibliothèque des Pasteurs; Paris BN; Oxford, Bodleian, Magdalen, New College, University College; Rochester, Cathedral L; St. Gallen SB; St. Louis, Eden Seminary; Sárospatak, Reformed Church Library; Toruń, Univ. Bib.; Tübingen UB; Utrecht UB; Worcester, Cathedral L; Wrocław, Univ. Bib.; Zurich ZB.

IN EPISTOLAM S. PAV-
li Apostoli ad Romanos, D. Petri Martyris Vermilii Florentini, ProfesForis diuinarum literarum in schola Tigurina, commentarii doctissimi, cum tra-Ctatione perutili rerum & locorum, qui ad eam episto-lam pertinent.

CVM DVOBVS LOCVPLETIBVS, LOCORVM SCI-
licet, vtriufque Teftamenti, & rerum & verborum indicibus.

Mihi uerò pro minimo eſt ut à uobis iudicer aut ab humano die.

Priori ad Corinthios cap. 4.

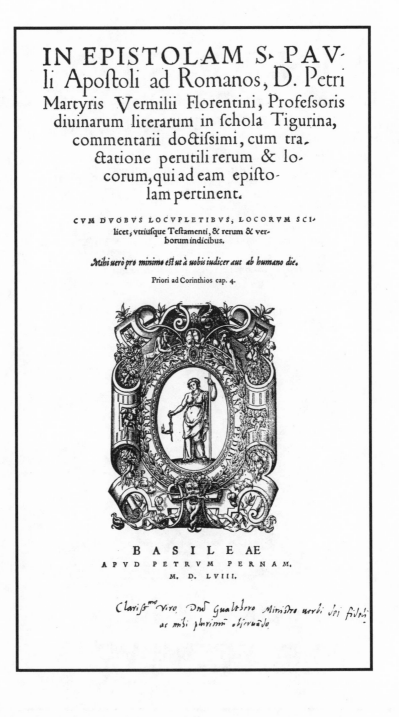

BASILEAE
APVD PETRVM PERNAM.
M. D. LVIII.

Clariſſmo Viro, Dnõ Gualthero Miniſtro uerbi Dei fideli ac mihi plurimũ obſeruãdo

ꝏIN EPISTO

LAM S ▸ PAVLI A̶ ̶M̶I̶̶̶̶

POSTOLI AD ROMANOS, D.

PETRI MARTYRIS VERMILII FLOREN-
tini, Profeſſoris diuinarum literarum in ſchola Tiguriña,
commentarij doctiſsimi, cum tractatione per
utili rerum & locorum, qui ad eam
epiſtolam pertinent.

CVM DVOBVS LOCVPLETIBVS, LOCO-
rum ſcilicet, utriuſq; Teſtamenti, & rerum, & uerborum indicibus.

*Mihi uerò pro minimo eſt ut à uobis iudicer aut
ab humano die.*

Priori ad Corinthios cap. 4

TIGVRI M. D. LIX.

2.   *In Epistolam S. Pauli Apostoli ad Romanos . . . commentarij doctissimi. . . .*
      Zurich: [A. Gesner], 1559. 8°, ca. 12.5:18 cm. Pp. 1085. Gatherings:
      $\alpha^8\beta^4\gamma$ $^8\delta^2$a–z, A–Z, Aa–Yy^8. There is an introductory letter to Sir Anthony
      Cooke, fols. α^{2-7v}. There are indices of scripture citations [α^8–β^{3v}] and
      "rerum et verborum" [a^8–f^4], plus a preface on the dignity and utility of
      the Epistle to the Romans for Pauline doctrine, γ^1–δ^{1v}.

Locations: Berlin, Deutsche Staatsbibliothek DDR; Budapest, Academy of Sciences;
Cambridge, Caius, Emmanuel; Dublin, Trinity; Edinburgh SNL, UL; Munich BSB;
Neuchâtel BV; Oxford, St. John's; Rome BNC; Warsaw, Univ. Lib.; Wrocław, Univ.
Bib.

3. *In Epistolam S. Pauli Apostoli ad Romanos . . . commentarij doctissimi. . . .*
    Basel: P. Perna, 1560. 8°, ca. 10:17 cm. Two volumes, pp. 1–736,
    737–1471. Gatherings: Vol. I: α⁸β⁸γ⁸, A⁸, b–z, A–Z⁸ ; Vol. II: Aa–Zz,
    AA–ZZ⁸, aaa–ggg⁸. This edition contains the letter to Cooke, the preface
    on the dignity and utility of Romans for Pauline theology, and indices of
    scripture citations and "rerum et verborum".

Locations: Berlin, Deutsche Staatsbibliothek DDR; Bern SB; Folger; Kraków, Bib.
Jag.; Munich BSB; Neuburg a. d. Donau SB; Paris BN; Oxford, Bodleian, Wadham;
Warsaw, Univ. Lib.; Wolfenbüttel HAB; Wrocław, Univ. Bib.

4. *In Epistolam S. Pauli Apostoli ad Romanos . . . commentarij doctissimi. . . .*
    Basel: P. Perna, 1568. Folio, ca. 20:32 cm. Pp. 1-684 plus indices.
    Gatherings: a⁶ + ⁴a–z, A–K⁶L–P⁸Q–Z, Aa–Pp⁶. The letter to Cooke and
    the preface on the dignity of Romans and the scripture index are at the
    beginning of the edition; the index "rerum et verborum" is fols. Mm¹–Oo⁶.

Locations: Augsburg SB; Berlin, Deutsche Staatsbibliothek DDR; Bludov, Castle
Lib.; British L.; Budapest, Raday; Cambridge UL, Christ's, Clare, Emmanuel,
King's, Magdalene; Peterhouse, Queens', St. John's, Geneva BPU; Kórnik, Bib.
PAN; Leiden UB; Library of Congress; Oxford, All Souls', Christ Church, Merton,
Pembroke, Trinity, Wadham; Paris, Arsenal; Toronto, Knox College; Toruń, Univ.
Bib.; Worcester, American Antiquarian Society; Zurich ZB.

5. *Most Learned and fruitfull Commentaries upon the epistle of S. Paul to the
   Romanes.* . . . London: John Daye, [1568]. STC 24672. Folio, ca. 19:29
   cm. Fol. 456. Gatherings: A–Y, Aa–yy, AA-YY, AAa-MMm^{6}NNn^4. The
   letter to Cooke, the preface on the dignity of Romans and the scripture
   index are fols. A^2–B ^{6v}; the index "rerum et verborum" is NNn^1–NNn^3.
   The date of publication, August 31, 1568, is given in the colophon.

Locations: British L; Birmingham UBL; Cambridge UL; Chicago, Newberry; Edinburgh,
New College L; Folger; Grenoble BP; Harvard; Harvard-Houghton; New York PL;
Oxford, Bodleian, Queen's, St. Edmund Hall; St. Louis, Concordia Seminary; San
Francisco, Theological Seminary; San Marino, Calif., Huntington; Toronto, Knox
College; Urbana UIL.

6.   *In Epistolam S. Pauli Apostoli ad Romanos . . . commentarij doctissimi. . . .*
     Basel: P. Perna, 1570. Folio, ca. 20.5:32.5 cm. Pp. 684. Gatherings,
     prefatory material and indices are identical with entry III.4.

Locations: British L; Cambridge, Christ's; Geneva BPU, Leeuwarden PBF; Oxford,
Corpus Christi; Sárospatak, Reformed Church Library; Wolfenbüttel HAB; Wrocław,
Univ. Bib.; Zurich ZB.

Zw. 312.   *1.*

IN EPISTOLAM S. PAV
LI APOSTOLI AD ROMANOS,
D·PETRI°MARTYRIS VERMILII FLOREN

TINI, PROFESSORIS DIVINARVM LITERARVM IN
schola Tigurina, commentarij doctissimi, cum tractatione perutili rerum & locorum, qui ad eam epistolam
pertinent.

EX POSTREMA AVTHORIS RECOGNITIONE.

CVM DVOBVS LOCVPLETIBVS LOCORVM
scilicet, vtriusque Testamenti, & rerum & ver
borum Indicibus.

TERTIA EDITIO.

Mihi verò pro minimo est vt à vobis iudicer aut ab humano die.
Priori ad Corinthios cap. 4.

L. Iohannis Croci.

BASILEAE
APVD PETRVM PERNAM.
M. D. LXX.

Zw. 35

7. *In Epistolam S. Pauli Apostoli ad Romanos . . . commentarij doctissimi. . . .*
    Heidelberg: J. Lancellot, 1612. Folio, ca. 18:30 cm. Pp. 616. Gatherings:
    $*,**^6$A–Z, Aa–Zz, Aaa–Ddd^{6}Eee^{8}Fff–Ggg^{6}Hhh^8. The letter to Cooke, the
    preface on the dignity of Romans for Pauline doctrine and the scripture
    index are $*^2$–$**^6$; the index "rerum et verborum" is Fff^1–Hhh^7.

Locations: Aarau AKB; Berlin, Deutsche Staatsbibliothek DDR; Debrecen, Reformed
Church Library; Göttingen UB; Munich BSB; Paris BN; Princeton PTS; Wrocław,
Univ. Bib.; Zurich ZB.

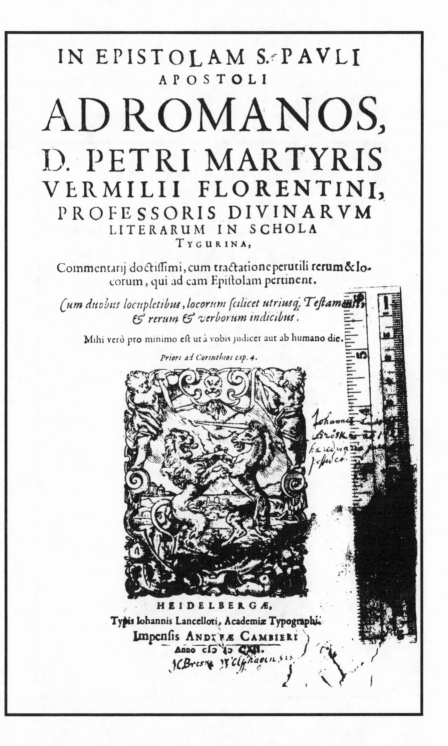

IN EPISTOLAM S. PAVLI
APOSTOLI

AD ROMANOS,

D. PETRI MARTYRIS
VERMILII FLORENTINI,
PROFESSORIS DIVINARVM
LITERARUM IN SCHOLA
TYGURINA,

Commentarij doctissimi, cum tractatione perutili **rerum & lo-**corum, qui ad eam Epistolam pertinent.

Cum duobus locupletibus, locorum scilicet utriusq̃, Testamen̄t,
& rerum & verborum indicibus.

Mihi verò pro minimo est ut à vobis judicer aut ab humano die.

Priori ad Corinthios cap. 4.

HEIDELBERGÆ,
Typis Iohannis Lancelloti, Academiæ Typographi.
Impensis ANDREÆ CAMBIERI
Anno cI‹ I‹ CXII.

8. *In Epistolam S. Pauli Apostoli ad Romanos . . . commentarij doctissimi. . . .*
    Heidelberg: J. Lancellot, 1613. Folio, ca. 18:30 cm. Pp. 616. The gatherings,
    prefatory material and indices are identical with entry III.7.

Locations: Berlin, Deutsche Staatsbibliothek DDR; Cambridge UL; Edinburgh SNL;
Geneva BPU; Harvard-Andover; Kampen TH; Lausanne BCV; Leeuwarden PBF;
Maldon, Plume; Oxford, Jesus; Prague, State Library; Regensburg SB.

+ Durham, Cath.

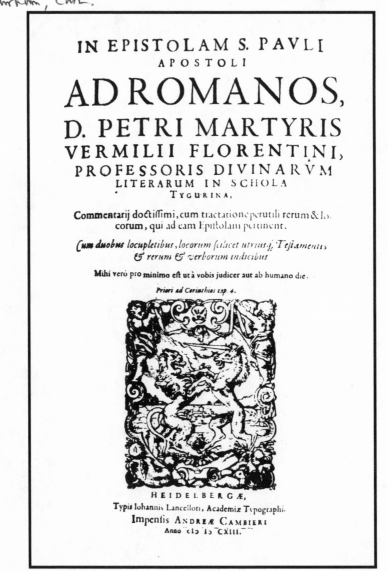

IN EPISTOLAM S. PAVLI
APOSTOLI
AD ROMANOS,
D. PETRI MARTYRIS
VERMILII FLORENTINI,
PROFESSORIS DIVINARVM
LITERARUM IN SCHOLA
TYGURINA,

Commentarij doctiſſimi, cum tractatione perutili rerum & locorum, qui ad eam Epiſtolam pertinent.

Cum duobus locupletibus, locorum ſcilicet utriusq, Teſtamentis,
& rerum & verborum indicibus

Mihi verò pro minimo eſt ut à vobis judicer aut ab humano die.

Priori ad Corinthios cap. 4.

HEIDELBERGÆ,
Typis Iohannis Lancelloti, Academiæ Typographi.
Impenſis ANDREÆ CAMBIERI
Anno cIɔIɔCXIII.

IV. DEFENSE AGAINST SMITH ON CELIBACY

1. *Defensio . . . ad Riccardi Smythaei . . . duos libellos de Caelibatu sacerdotum & Votis monasticis. . . .* Basel: P. Perna, 1559. 8°, ca. 10:17 cm. Pp. 648. Gatherings: *⁴ a–z, A–L⁸M⁴. Pp. 645–648 print two letters of Smith to Archbishop Cranmer.

Locations: Augsburg SB; Cambridge, Corpus Christi; Sidney, Trinity; Dublin, Trinity; Edinburgh, New College L; Florence BNC; Geneva BPU; Ghent BU; Göttingen UB; Kraków, Bib. Jag.; Munich BSB; Oxford, Bodleian, Brasenose, Christ Church; Paris BN, BSHPF; Providence, JC Brown L; Troyes BM; Tübingen UB; Warsaw, Univ. Lib.; Wolfenbüttel HAB; Yale.

[NB: This work is reprinted in XIII, 3: II, 1339–1654.]

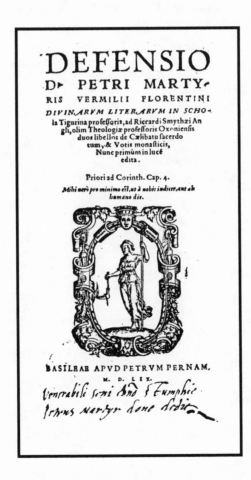

V. DEFENSE AGAINST GARDINER ON THE EUCHARIST

1. *Defensio Doctrinae veteris & Apostolicae de sacrosancto Eucharistiae Sacramento
    . . . adversus Stephani Gardineri . . . librum.* . . . [Zurich: C. Froschauer,
    1559]. Folio, ca. 21.5:32 cm. Pp. 821. Gatherings: *⁶aa⁶bb⁴a–z, A–Z,
    Aa–Xx⁶Yy⁴Zz⁶. There are prefatory letters from Martyr to Queen Elizabeth
    and to the reader, both dated the calends of March 1559, plus indices
    "rerum et verborum," authors, and scripture passages cited [aa⁶–bb⁴].

Locations: Baltimore, Peabody Institute; Basel UB; Bern SB; Bludov, Castle Lib.;
British L; Cambridge, Caius, Corpus Christi, Peterhouse, St. John's, Trinity; Chicago,
Newberry; Cincinnati PL; Edinburgh UL, New College L; Geneva BPU; Groningen
UB; Lausanne BCV; Munich BSB; New York, General Theological, Union Theological;
Oxford, Corpus Christi, Magdalen, Queen's, University College; Paris BN; St. Gallen
SB; Regensburg SB; Strasbourg BNU; Toruń, Univ. Lib.; Tübingen UB; Utrecht
UB; Wolfenbüttel HAB; Worcester, American Antiquarian Society L; Zurich ZB.

DEFENSIO

Doctrinæ ueteris & Apoſtolicæ .

de ſacroſancto Euchariſtiæ Sacramento ,D. PETRI MARTYRIS
Vermilij, Florentini, diuinarum literarum in ſchola Tigurina profeſſo
ris, in quatuor diſtincta partes, aduerſus Stephani Gardineri, quondam
Vuintonien̄. Epiſcopi, librum, quem ille primum quidem ſub huiuſmo
di titulo edidit, Confutatio cauillationum, quibus ſacroſanctum Eucha
riſtiæ Sacramentum ab impijs Capernaitis impeti ſolet, authore M.
Anton. Conſtantio, &c. deinde uero cōmentitio hoc nomine expuncto, proprioǵ ſuo ipſius nomine ap
poſito ac expreſſo, euulgauit.

HABES *in hoc opere, Lector, ferè quicquid cum in literis ſacris, tum in*
antiquorum Patrum Conciliorumǵ monumentis, de tota Euchariſtiæ cauſa,
uſquam proditum eſt. Quæ ſanè copioſa & accurata hac diſputatione, utrinǵ
quàm diligentiſſimè penſitata & excuſſa eſſe, ſi paulò attentius legeris, atte-
ſtaberis. Verte autem folium, ac lege partium huius oporis argumenta.

In pure u̅um ono Thi emit
Thomas Hogkyns : 610.12.9⁶

Agnoſco ꝶ J. H. Hagenbuchm
D. N. M. 1632.

k : ꝶ. Sp :

ACCESSERVNT operi Indices duo, Rerum inquam uaria
rum, & Locorum cum ſcripturæ ſanctæ, tum antiquorum Patrum,
qui hoc in libro ſyncerisſimè explicantur.

GALAT. VI.
ABSIT *mihi gloriari niſi in cruce domini noſtri Ieſu Chriſti:*
per quem mihi mundus crucifixus eſt, & ego mundo.

2. *Defensio Doctrinae veteris & Apostolicae de sacrosancto Eucharistiae Sacramento
    . . . adversus Stephani Gardineri . . . librum. . . .* [Zurich: C. Froschauer,]
    1562. Folio, ca. 20:32 cm. Pp. 725. Gatherings: aaa, $*^6$a–z, A–Z,
    AaMm^{6}Nn^{4}Oo^6. This edition contains letters by Martyr to Queen Elizabeth
    and to the reader, both dated the calends of March, 1559 [$*^{2-6}$] and a
    topical index [aa$^{1-6}$, bb$^{1-3}$]. It reprints Martyr's *Tractatio* [pp. 620–661]
    and *Disputatio* [pp. 662-725].

Locations: Atlanta, Georgia State UL; Baltimore, Enoch Pratt L; Berlin, Deutsche
Staatsbibliothek DDR; Budapest, Raday; Cambridge, King's, Magdalene, Queens';
Debrecen, Reformed Church Library; Freiburg iB UB; Geneva BPU; Lausanne
BCV; Leszno, Church of St. John; Nuremberg SB; Oxford, All Souls, Bodleian,
Christ Church, Jesus, Oriel, Pembroke, Queen's; Paris BN; Sárospatak, Reformed
Church Library; Urbana UIL; Wrocław, Univ. Bib.; Zurich ZB.

p. 102
[NB: This work is reprinted in XIII, 3: II, 139–1218. The same work
contains an epitome of the *Defensio,* II, 146–152. The epitome was first printed
in Josiah Simler's *Vita* of Martyr (Zurich: C. Froschauer, 1563) fols. 30^v–35.]

DEFENSIO

Doctrinæ veteris & Apostolicæ
de facrofancto Euchariftiæ Sacramento, D.

PETRI MARTYRIS VERMILII FLORENTI=
ni, diuinarum literarum in fchola Tigurina profeſſoris, in quatuor diſtin=
cta partes, aduerſus Stephani Gardineri, quondam Vuintonienfis Epi=
fcopi, librum, fub nomine M. Antonij Conſtantij editum, &c.   Cui de
nouo iam acceſſerunt, primùm quidem TRACTATIO, deinde ue=
rò DISPVTATIO de eodem Euchariſtiæ Sacramento,
eiuſdem authoris, habita in celeberrima Vni=
uerſitate Oxonienfi in Anglia.

HABES *in hoc opere, Lector, ferè quicquid cum in literis facris, tum in
antiquorum Patrum Conciliorumq́, monumentis , de tota Euchariſtiæ cauſa,
vſquam proditum eſt. Quæ fanè copioſa & accurata hac diſputatione, vtrinque,
quàm diligentiſſimè penſitata & excuſſa eſſe, fi paulò attètius legeris, atteſtaberis.*

ACCEDVNT operi Indices duo, Rerum inquã, & Locorum cum Scripturæ
fanctæ, tum antiquorum Patrum, qui hoc in libro explicantur.

GALAT.   VI.

ABSIT *mihi gloriari, nifi in cruce Domini noſtri Iefu Chriſti:
per quem mihi mundus crucifixus eſt, & ego mundo.*

M. D. LXII.

VI. COMMENTARY ON THE BOOK OF JUDGES

1. *In Librum Iudicum . . .Commentarij doctissimi. . . .* Zurich: C. Froschauer, 1561. Folio, ca. 19:32 cm. Fol. 208. Gatherings: α, $\beta^6\gamma^4\delta^6$a–z, Aa–Ll^{6}Mm^4. This work contains a prefatory letter from Martyr to the scholarchs at Strasbourg [α^{2-3v}] dated December 22, 1560, plus indices "rerum et verborum" and of scripture citations [α^4–δ^{5v}] and a list of common places. Martyr gave the lectures on which this work is based after his return to Strasbourg, 1554-1556.

Location: Augsburg SB; Basel UB; Bern SB; Budapest UL; Cambridge, Peterhouse, St. John's; Edinburgh UL; Geneva BPU; Kraków, Bib. Jag.; New York, Union Theological; Oxford, Jesus, Magdalen, Wadham; Toruń, Univ. Lib.; Urbana UIL; Utrecht UB; Washington, Catholic UL; Winterthur SB; Yale; Zurich ZB.

Martyr's commentaries on the Old Testament contain many common places. His commentary on Judges contains the following common places: *abstinentia, adoratio creaturarum, aemulatio, affectus, alea, allegoriae, ambitio, anathema, angeli, apologus, arces, beneficium, bellum, cantus ecclesiasticus, carmina, ceremoniae, circumcisio, clementia, concilia, concubinatus, coniungium, coniungium ministrorum, consensus in sponsalibus, consortium malum, consuetudo, contemplatio, conversatio fidelium cum infidelibus, crudelitas, decimae, desperatio, Deus, divortium, dirae, dolus, dotes, ebrietas, ecclesia, execratio, exploratio, fabula, foedus Dei, fletus, gratia Dei, gratitudo, gloria, haeresis, historia, homicidium, honor, hospitalitas, idiomata, idolatria, ieiunium, ignominia, imagines, ingratitudo, insomnia, intentio bona, invidia, invocatio mortuorum, ira, iramentum seu iusiurandum, lachrymae, lapsus angelorum et filiorum Dei, liberum arbitrium, ludi, magistratus, martyria sanctorum, matrimonium, matrimonium filiis an liceat inire absque consensu parentum, matrimonii gradus prohibiti, mendacium, merces, meretrices, meritum, militia mercenaria, miracula, missa, munitio, musica, negligentia, nemesis, nuptiae, oblatio, opera, originale peccatum, parricidium, pax, peccatum, peregrinatio, permissio Dei, pietas, poena, poenitentia, poesis, potestas civilis, potestas ecclesiastica, preces, praemium, praescriptio, proditio, promissio, raptus, reliquiae, sacrificium, scortatio, securitas, seditio, servitus, simulatio, sortes, sputii et illegitime nati, superbia, supplicium, tentatio, transsubstantiatio, tributum, vectigal, veritas, vestitus, vigiliae, vinum, visiones, visiones angelorum, visiones prophetarum, voluntas Dei, votum, votum monachorum, votum Nazir, zelotypia.*

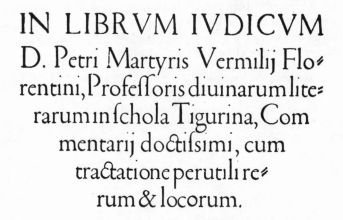

IN LIBRVM IVDICVM

D. Petri Martyris Vermilij Florentini, Professoris diuinarum literarum in schola Tigurina, Commentarij doctissimi, cum tractatione perutili rerum & locorum.

ACCESSERVNT *praterea Indices duo locupletiss. Rerum scilicet & uerborum: Locorum item sacra scriptura, qui in hoc libro syncerissime explicantur.*

GALAT. VI.

Absit mihi gloriari nisi in cruce domini nostri Iesu Christi: per quem mihi mundus crucifixus est, & ego mundo.

TIGVRI

EXCVDEBAT CHRISTOPH. FROSCHOVERVS.

M. D. LXI.

Clariss[mo] Viro D. Rodolpho Gualtero Ecclesiæ Tigurinæ ministro fidelissimo ac mihi plurimum honorando. Pet. Martyr D. D.

2. *Most fruitfull & learned Commentaries.* . . . London: John Day, [1564]. Folio, ca. 20:30 cm. Fol. 288. Gatherings: A^2B^4C-Y, Aa–Yy, Aaa–Fff^6Ggg–Hhh^4. STC 24670. There are prefatory letters of John Day to Robert Dudley, the Earl of Leicester [A^2], and of Martyr to the scholarchs of Strasbourg [B^{1-2}]. The scripture index is B^3. The text of the lectures, fols. 1–288, is followed by an index "rerum et verborum" [Ggg^1–hhh^{3v}]. The colophon prints an engraved portrait of Day.

Locations: Ann Arbor, Michigan UL; Baltimore, Johns Hopkins UL, Peabody Institute; British L; Cambridge, St. John's; Cashel, Cathedral L; Chicago UCL; Folger; Harvard; New York, Union Theological; Oxford, Bodleian; Richmond, Virginia State L; San Marino, Calif., Huntington; Toronto, Knox College; Urbana UIL; Yale.

3. *In Librum Iudicum . . . Commentarij doctissimi. . . .* Zurich: C. Froschauer,
    1565. Folio, ca. 18:30 cm. Fol. 195. Gatherings: $\alpha,\beta^6\gamma^4$a–z, Aa–Hh^{6}Ii^{4}Kk^6.
    This edition prints Martyr's letter to the scholarchs at Strasbourg plus
    indices "rerum et verborum" and of scripture citations and a list of common
    places [α^2–γ^{5v}] before the text of the lectures.

Locations: Augsburg SB; Basel UB; Cambridge, King's, Magdalene, Pembroke;
Chur BKG; Florence BNC; Grenoble BP; Harvard; Harvard-Houghton; Lausanne
BCV; Oxford, Bodleian, Christ Church, Corpus Christi; Pápa, Reformed Church
Library; Paris BN; Windsor Castle; Wrocław, Bib. Ossol., Univ. Bib.; Zurich ZB.

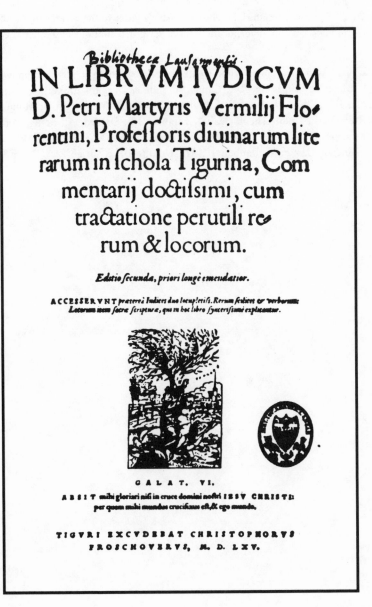

Bibliotheca Lausannensis

IN LIBRVM IVDICVM
D. Petri Martyris Vermilij Florentini, Professoris diuinarum literarum in schola Tigurina, Commentarij doctissimi, cum tractatione perutili rerum & locorum.

Editio secunda, priori longè emendatior.

ACCESSERVNT *praeterea Indices duo locupletiss. Rerum scilicet & verborum: Locorum item sacrae scripturae, qui in hoc libro syncerissimè explicantur.*

GALAT. VI.

ABSIT mihi gloriari nisi in cruce domini nostri IESV CHRISTI: per quem mihi mundus crucifixus est,& ego mundo.

TIGVRI EXCVDEBAT CHRISTOPHORVS FROSCHOVERVS, M. D. LXV.

4. *In Librum Iudicum . . . Commentarij doctissimi.. . .* Zurich: C. Froschauer, 1571. Folio, ca. 18:29.5 cm. Fol. 195. Gatherings: α,β^{6}γ^{4}a-z, Aa–Hh^{6}Ii^{4}Kk^6. The prefatory material includes Martyr's letter to the Strasbourg scholarchs, indices "rerum et verborum" and of scripture citations and a list of common places [α^2–γ^{3v}].

Locations: Augsburg SB; Berlin, Deutsche Staatsbibliothek DDR; Bludov, Castle Lib.; British L; Cambridge UL, Caius, St. John's; Durham, Duke; Edinburgh UL; Kórnik, Bib. PAN; Leiden UB; Library of Congress; Marburg UB; Munich BSB, UB; New York, Union Theological; Nuremberg SB; Oxford, All Souls, Pembroke, Queen's, Trinity; Paris BN; Passau SB; Strasbourg BNU; Troyes BM; Tübingen UB; Windsor Castle; Wolfenbüttel HAB; Urbana UIL; Zurich ZB.

IN LIBRVM IVDICVM

D.Petri Martyris Vermilij Floren
tini, Professoris diuinarum literarum in schola Tigurina, Commentarij doctissimi, cum tractatione perutili rerum
& locorum.

Editio tertia, prioribus longè emendatior.

ACCESSERVNT *præterea Indices duo locupletiss. Rerum scilicet & verborum.
Locorum item sacræ scripturæ, quæ in hoc libro syncerissimè explicantur.*

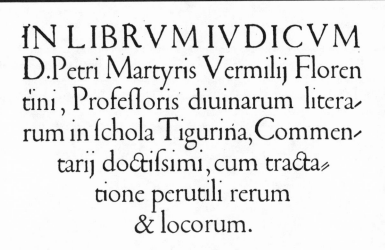

GALAT. VI.

ABSIT mihi gloriari nisi in cruce Domini nostri IESV CHRISTI:
per quem mihi mundus crucifixus est, & ego mundo.

TIGVRI EXCVDEBAT CHRISTOPHORVS
FROSCHOVERVS. M. D. LXXI.

5.   *In Librum Iudicum . . . Commentarij doctissimi. . . .* Zurich: C. Froschauer,
     1582. Folio, ca. 20:31 cm. Fol. 181. Gatherings: α–γ⁶a–z, A–F⁶G⁸. The
     prefatory material contains Martyr's letter to the Strasbourg scholarchs,
     indices of scripture citations and "rerum et verborum," and a list of common
     places [α²–γ⁴].

Locations: Berlin, Deutsche Staatsbibliothek DDR; Cambridge UL, Caius, Christ's,
Clare, Emmanuel, Queens', Sidney; Debrecen, Reformed Church Library; Dublin,
Trinity; Geneva BPU; Middelburg PB; Oxford, Merton, New College, Queen's, St.
John's; Pápa, Reformed Church Library; Paris BN, St. Geneviève; Philadelphia,
Dropsie CL; Wrocław, Univ. Bib.; Zurich ZB.

IN LIBRVM IVDICVM

D·PETRI MAR-
TYRIS VERMILII FLORENTINI,
PROFESSORIS DIVINARVM LITERARVM
in schola Tigurina, Commentarij doctissimi, cum tractatione perutili rerum & locorum.

Accesserunt praeterea INDICES *duo locupletissimi, Rerum scilicet & ver-*
borum: Locorum item sacrae scripturae, qui in hoc libro syn-
cerissime explicantur.

GALAT. VI.
ABSIT *mihi gloriari nisi in cruce Domini nostri* IESV CHRISTI
per quem mihi mundus crucifixus est, & ego mundo.

TIGVRI
APVD CHRISTOPHORVM FROSCHOVERVM,
Anno à Christo nato M. D. LXXXII.

6. *In Librum Iudicum . . . Commentarii doctissimi.* . . . Heidelberg: J. Lancellot,
    1609. Folio, ca. 18:31 cm. Fol. 181. Gatherings: A–C⁶a–z, A–F⁶G⁸. The
    prefatory material includes the letter to the Strasbourg scholarchs, indices
    "rerum et verborum" and of scripture citations and a list of common places
    [A²–C⁶].

Locations: Aarau AKB; Berlin, Deutsche Staatsbibliothek DDR; Debrecen, Reformed
Church Library; Deventer AB; Edinburgh, New College L; Göttingen UB; Heidelberg
UB; Leeuwarden PBF; Oxford, Balliol; Paris BN.

+ Jordan, Cath.

IN LIBRUM IUDICUM
D. PETRI MAR-
TYRIS VERMILII FLO-
RENTINI, PROFESSORIS DIVINARUM
LITERARUM IN SCHOLA
TIGURINA,

Commentarii doctiſsimi,

Cum tractatione perutili rerum & locorum.

Acceſſerunt præterea I N D A C E S duo locupletiſſimi, Rerum ſcilicet & verborum
Locorum item ſacræ Scripturæ, qui in hoc libro ſynce-
riſſimè explicantur.

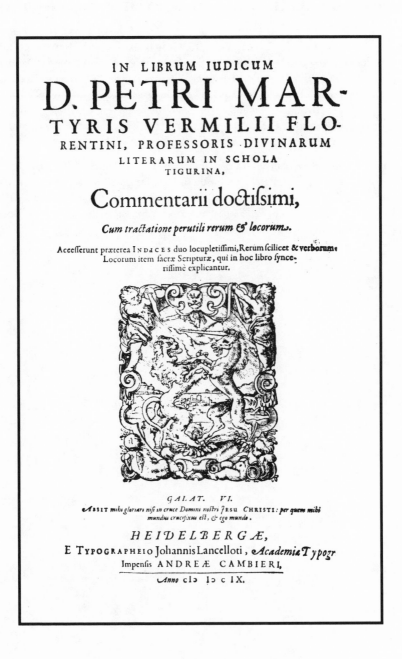

GALAT. VI.
Abſit mihi gloriari niſi in cruce Domini noſtri Jesu CHRISTI: *per quem mihi
mundus crucifixus eſt, & ego mundo.*

HEIDELBERGÆ,
E TYPOGRAPHEIO Johannis Lancelloti, *Academiæ Typogr*
Impenſis ANDREÆ CAMBIERI,

Anno cIɔ Iɔ c IX.

VII. DIALOGUE ON THE TWO NATURES IN CHRIST AGAINST BRENZ

1. *Dialogus de utraque in Christo Natura.* . . . Zurich: C. Froschauer, August, 1561. 8°, ca. 9.5:15.5 cm. Fol. 135. Gatherings: *⁸A–R⁸. Martyr's prefatory letter to John Jewel, Bishop of Salisbury, is *²–8ᵛ. This work is Martyr's reply to Johann Brenz's *De personali unione duarum naturarum in Christo et Ascensu Christi in coelum, accessione eius ad patrem* (1560). In the dialogue Orothetes defends Reformed teaching on Christology and the eucharist against Pantachus, who represents Brenz; most of the statements of Pantachus are taken verbatim from Brenz's book.

Locations: Cambridge, Corpus Christi; Florence BNC; Munich BSB, UB; Oxford, Bodleian; Zurich ZB. The catalogue for these libraries does not distinguish between the two 1561 editions: Augsburg SB; Berlin, Deutsche Staatsbibliothek DDR; Lublin, Sem.; Munich, Bib. d. Franziskanerkloster St. Anna; Neuburg a. d. Donau SB; Nuremberg SB; Toruń, Univ. Lib.

1.

DIALOGVS

DE VTRAQVE IN

CHRISTO NATVRA, QVO-
modo coeant in unam Chriſti perſo-
nam inſeparabilem, ut interim non amittant ſu-
as proprietates : ideo῾ῷ humanam Chriſti naturam propter perſonalem unionem nõ eſſe ubiῷ.
Reſpondetur item benignè ad argumenta do-
ctorum uirorum, contrarium aſſerentium : illu-
ſtratur & Cœnæ dominicæ negotium, perſpi-
cuiſῷ ſcripturæ & Patrum teſtimonijs demon-
ſtratur, Corpus Chriſti non eſſe ubiῷ,
authore D. PETRO MAR-
TYRE VERMILIO
Florentino.

GALAT. VI.

*Abſit mihi gloriari, niſi in cruce Domini noſtri Ieſu
Chriſti: per quem mihi mundus crucifixus
eſt, & ego mundo.*

TIGVRI
Excudebat Chriſtophorus Froſchouerus
Menſe Auguſto. M. D. LXI.

*Clariſ⁻ Viro D. Rodolpho ſuaſtro Miniſ-
tro noſtri, Dei fideliſⁱ. Et compatri ſuo ſin-
cimⁱ oſſernãdo, P. Martyr. D. D.*

2.   *Dialogus de utraque in Christo Natura.* . . . Zurich: C. Froschauer, November, 1561. 8°, ca. 9.5:15.5 cm. Fol. 135. Gatherings: $*^8$A–R^8.

Locations: Basel UB; Bern SB; Cambridge UL; Edinburgh UL; Freiburg iB UB; Lausanne BCV; Oxford, Corpus Christi.

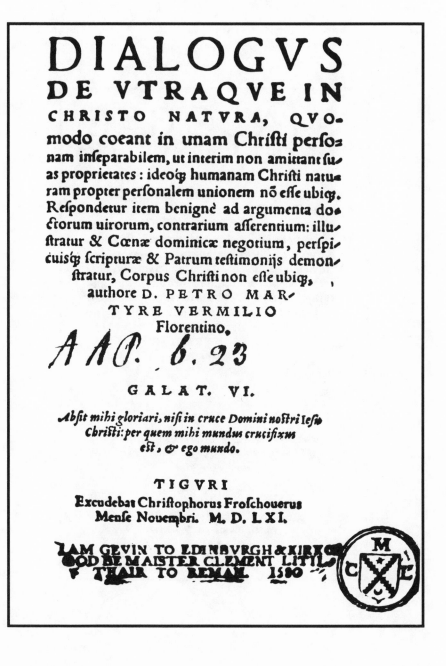

DIALOGVS
DE VTRAQVE IN
CHRISTO NATVRA, QVO-
modo coeant in unam Chriſti perſo=
nam inſeparabilem, ut interim non amittant ſu=
as proprietates : ideo'g humanam Chriſti natu=
ram propter perſonalem unionem nõ eſſe ubig.
Reſpondetur item benignè ad argumenta do=
ctorum uirorum, contrarium aſſerentium: illu=
ſtratur & Cœnæ dominicæ negotium, perſpi=
cuis'g ſcripturæ & Patrum teſtimonijs demon-
ſtratur, Corpus Chriſti non eſſe ubig,

authore D. PETRO MAR-
TYRE VERMILIO
Florentino.

A AꝐ. b. 23

GALAT. VI.

Abſit mihi gloriari, niſi in cruce Domini noſtri Ieſu
Chriſti: per quem mihi mundus crucifixus
eſt, & ego mundo.

TIGVRI
Excudebat Chriſtophorus Froſchouerus
Menſe Nouembri. M. D. LXI.

3. *Dialogus de utraque in Christo natura.* . . . Zurich: C. Froschauer, May, 1563. 8°, ca. 9.5:15.5 cm. Fol. 531 [135]. Gatherings: *⁸A–R⁸.

Locations: Ansbach SB; Berlin, Deutsche Staatsbibliothek DDR; Dublin, Trinity; Grenoble BM; Munich UB; Paris BN; Strasbourg BNU; Szczecin, Pub. Lib.; Wrocław, Univ. Bib.; Zurich ZB.

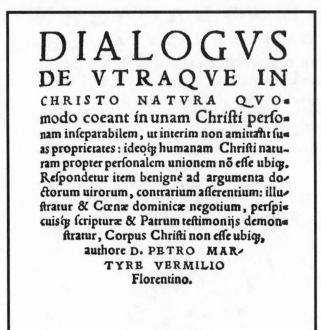

4. *Ein Gespräch von den beyden Naturen Christi.* . . . 1563. No place or publisher given, probably C. Froschauer of Zurich. 8°, ca. 10:15.5 cm. Unfoliated and unpaginated. Gatherings: $D^8)(^8A-Z,Aa-Pp^8$. This edition contains the letter to John Jewel plus a two page letter from the unnamed translator by way of preface.

Locations: Berlin, Deutsche Staatsbibliothek DDR; Munich BSB; Zurich ZB.

[NB: In the copy examined at Zurich the Ll gathering was badly scrambled.]

5. *Dialogus de utraque in Christo Natura.* . . . Zurich: C. Froschauer, 1575.
    8°, ca. 10:15.5 cm. Fol. 135. Gatherings: $*^8A-R^8$. The letter to John Jewel
    is $*^{2-8v}$.

Locations: Augsburg SB; Cambridge, St. John's; Freiburg iB UB; Křivoklát, Castle
Lib.; Munich BSB; Nuremberg SB; Oxford, Brasenose; St. Louis, Concordia;
Wolfenbüttel HAB; Wrocław, Univ. Lib.; Zurich ZB.

[NB: The *Dialogus* is reprinted in XIII, 3: II, 1–138.]

DIALOGVS

DE VTRAQVE IN

CHRISTO NATVRA QVO-
modo coeant in vnam Christi perso=
nam inseparabilem, vt interim non amittant su-
as proprietates: ideoque humanam Christi natu
ram propter personalem vnionê non esse vbiq;.
Respondetur item benignè ad argumenta do-
ctorum virorum, contrarium asserentium: illu-
stratur & Cœnæ dominicæ negotium, perspi=
cuisq; Scripturæ & Patrum testimonijs demon
stratur, corpus Christi non esse vbique,
authore D. PETRO MAR-
TYRE VERMILIO
Florentino.

GALAT. VI.

*Absit mihi gloriari, nisi in cruce Domini nostri Iesu
Christi: per quem mihi mundus crucifixus
est, & ego mundo.*

TIGVRI

Excudebat Christophorus Froschouerus
Anno M. D. LXXV.

VIII. COMMENTARY IN ARISTOTLE'S ETHICS

1. *In primum, secundum, et initium tertii libri Ethicorum Aristotelis ad Nicomachum
    . . . Commentarius doctissimus.* Zurich: C. Froschauer, August, 1563. 4°,
    ca. 14.5:22.5 cm. Pp. 436. Gatherings: a^4A–Z, Aa–Zz, AA–OO^4. There
    is a prefatory letter of Giulio Santerenziano, Martyr's manservant, to Edwin
    Sandys [a^{2-4}], plus an index [II^3–OO^4] "rerum et verborum". Martyr
    lectured on Aristotle's *Ethics* during his second period at Strasbourg,
    1553–1556, alternating his lectures with those of Girolamo Zanchi, who
    covered Aristotle's physical works, but did not continue at Zurich where
    the capable Conrad Gesner covered Aristotle. The preface indicates that
    the printed lectures, published posthumously, are based partly on Martyr's
    own notes, partly on those of his hearers.

Locations: Berlin, Deutsche Staatsbibliothek DDR; Budapest UL; Cambridge, Peterhouse;
Dillingen, Studienbibliothek; Geneva BPU; Marburg UB; Mlada Vožice, Castle Lib.;
Munich BSB; Oxford, Bodleian; Paris BN; Princeton PUL; Toruń, Univ. Lib.;
Tübingen UB; Vienna ONB; Wolfenbüttel HAB; Wrocław, Univ. Bib.; Zurich ZB.

IN PRIMVM,
SECVNDVM, ET INI-
TIVM TERTII LIBRI ETHI-
CORVM ARISTOTELIS AD NICOMA=
CHVM, Clariſſ. & doctiſſ. viri D. PETRI MARTY-
ris Vermilij, Florentini, Sacrarum literarum in
Schola Tigurina Profeſsoris, Com-
mentarius doctiſsimus.

H V I C *acceſſit Index rerum & verborum locupletiſſimus.*

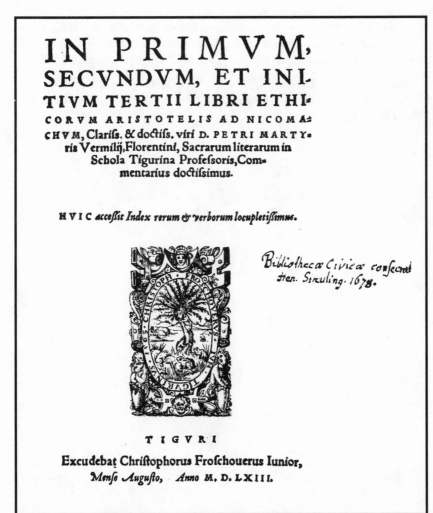

Bibliothecæ Civicæ conſecrat
Hen. Stzuling. 1678.

T I G V R I
Excudebat Chriſtophorus Froſchouerus Iunior,
Menſe Auguſto,   Anno M. D. LXIII.

2. *In Aristotelis Ethicorum ad Nicomachum Librum primum, secundum ac initium tertij . . . Commentarius doctissimus.* Zurich: C. Froschauer, 1582. 4°, ca. 15:22 cm. Gatherings: A^4 A–Z, Aa–Zz, AA–II^4. This edition contains the letter of Santerenziano [A^{2-4}] and an index "rerum et verborum" [DD^3–II^4].

Locations: British L; Edinburgh UL; Eichstätt UB; Folger; Gdańsk, Pub. Lib.; Kraków, Bib. Jag.; Křivoklát, Castle Lib.; Munich BSB, UB; Strasbourg BNU; Urbana UIL; Zurich ZB.

IN ARISTOTELIS
ETHICORVM AD NICOMACHVM
Librum primum, secundum ac initium tertij:

CLARISSIMI ET DOCTISSIMI VIRI D. PETRI
MARTYRIS *Vermilij, Florentini, Sacrarum literarum
in Schola Tigurina quondam Profeſſoru,
Commentarius doctiſſimus.*

Huic accefsit INDEX rerum & uerborum locupletiſsimus.

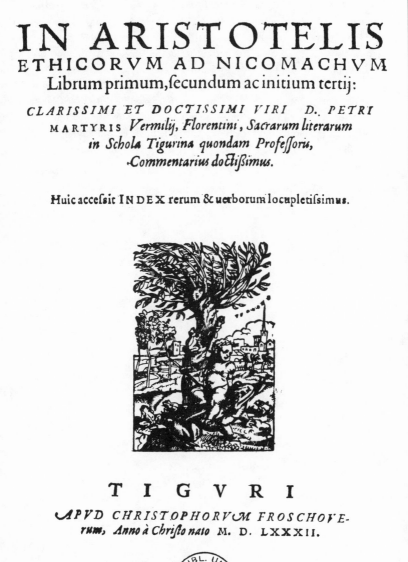

TIGVRI
*APVD CHRISTOPHORVM FROSCHOVE-
rum, Anno à Chriſto nato* M. D. LXXXII.

3. *Meditationes Ethicae sive Aristotelis Ethicorum* NIKOMAXEIΩN *explicatio
    per D. Petrum Martyrem Vermilium. . . et D. Andream Hyperium. . . .*
    Lich: Nicholas Erbenius, 1598. 4°, ca. 15:19.5 cm. Pp. 598. Gatherings:
)(^{4}A–Z, Aa–Zz, Aaa–Zzz, Aaaa–Ffff^4. Martyr's part of the commentary runs
    pp. 1–337. Preceding the letter of Santerenziano is another preface by
    Rodolphius Godenius, professor at the academy of Marburg, dated the Ides
    of March, 1598. Pagination and signatures are continuous through the
    whole work. Drawing on M. Schwab's *Bibliographie d'Aristote* (Paris, 1896),
    Charles H. Lohr in his "Renaissance Latin Aristotle Commentaries: Authors
    So-Z" *Renaissance Quarterly* 35 (1982), p. 216, indicates that there was
    another edition of the Martyr/Hyperius commentary published at Lich in
    1602. We have been unable to verify this.

Locations: Augsburg SB; Berlin, Deutsche Staatsbibliothek DDR; Dublin, Trinity;
Kraków, Bib. Jag.; Oxford, Bodleian, Christ Church; Utrecht UB; Wolfenbüttel
HAB; Zurich ZB.

MEDITATIONES ETHICÆ
SIVE

ARISTOTELIS
ETHICORUM NIKOMAXEI-
ΩN PERSPICUA AC PERQUAM ERUDITA,
CUM MORIBUS SACRIS, ID EST, IN SACRA
pagina defcriptis, collata explicatio.

Per

D. PETRVM MARTY-
REM VERMILIUM FLORENT.
in Tigurinorum

ET

D. ANDREAM HYPERIUM FLAND.
IN CATTORUM, SCHOLIS
quondam Theologos clarißimos.

Cum notis & lemmatibus logicis RODOLPHI GOCLENII in Academia
Marpurg. Profeß. Philofoph. Clariß.

Nec non rerum & fententiarum Indice copiofo.

Theologiæ æquè ac Philofophiæ operam dantibus lectu jucunda & utilis.

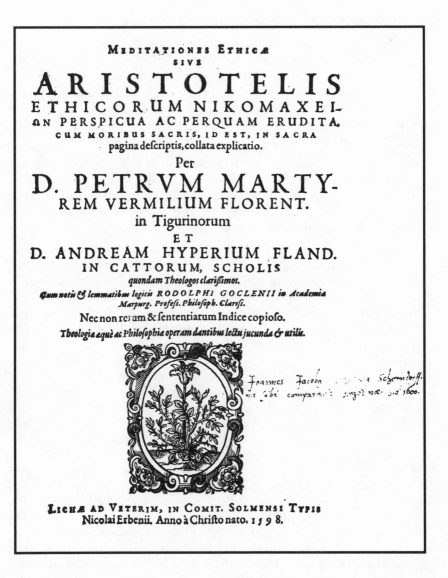

LICHÆ AD VETERIM, IN COMIT. SOLMENSI TYPIS
Nicolai Erbenii. Anno à Chrifto nato. 1598.

IX. COMMENTARY ON THE BOOKS OF SAMUEL

1. *In duos Libros Samuelis Prophetae . . . Commentarii doctissimi. . . .* Zurich: C. Froschauer, 1564. Folio, ca. 20:30.5 cm. Fol. 333. Gatherings: aa–cc[6], a–z, A–Z, Aa–Hh[6]Ii[4]Kk[6]. There is a prefatory letter dated September 1564, from Josiah Simler to John Kisska, Palatine of Vitebsk, and his son [aa$^{2-5}$], plus indices "rerum et verborum" and of scripture citations and a list of common places [aa^6–cc^6]. Martyr gave the lectures on which this posthumously published commentary is based after moving to Zurich in 1556.

Locations: Basel UB; Berlin, Deutsche Staatsbibliothek DDR; Cambridge, Peterhouse; Debrecen, Reformed Church Library; Edinburgh UL, New College L; Geneva BPU; Harvard; Kraków, Bib. Jag.; Lublin, Univ. Lib.; Nuremberg SB; Oxford, Christ Church, Magdalen; Paris BN, St. Geneviève; Székesfehérvár, Episcopal Library; Troyes BM; Utrecht UB: Yale; Winterthur SB; Zurich ZB.

The Commentary on the two books of Samuel contains the following common places: *adulatio, adulterium et eius poenae, de affectibus sanctorum, amicitia, amicitiam an liceat cum impiis contrahere, de bello, bona opera an Deum placare possint, census populi, confessio, consilium an a diabolo pentendum, consilium, contritio, contumelia, correptio, curiositas, Deus an simul cum rege populum regat, Deus an sit sibi contrarius in promissionibus suis, Deus an velit mortem peccantium vel an aliquem velit occidere aut perdere, Deus quomodo poenitere dicatur, Dei nomina, Dei praedestinatio, Dei providentia, an Diabolus possit apparere et scire futura ac responsa dare, Diabolum an liceat consulere et eius opera uti, dispensatio an possit fieri in gradis cognationis a Deo prohibitis, duellum, divinatio quae prohibeatur, ecclesia an vera sit si sint in ea dissidia et contentiones, an in ecclesia possint esse duo capita unum visibile alterum invisible, ecclesiasticae leges, eucharistiae abusus, eucharistiae circumgestatio, foecunditas et sterilitas, foedus, de forma seu pulchritudo, fortitudo, fuga an David recte fecerit quod metu Saulis fugit ad Palaestinos et quid nobis faciendum in similibus angustiis, historiarum utilitas, incestus, iudicorum sententiae et executiones non praecipitandae, ius quomodo reddendum, iuramentum, lachrymae, leges statuere an ecclesiae liceat, libertas et servitus, lugere an liceat Christiano homini, maga mulier an potuerit Samuelem evocare, magistratus an possit delictum simpliciter impunitum relinquere, magistratui an semper parendum, magistratibus an liceat poenas a legibus impositas mitigare, an manus sibi adferre cuique liceat, matrimonium, matrimoniis usus an immundus, mendacium, mentire an liceat, meritum, ministris ecclesiae an liceat bellum gerere, moechus an possit ducere moecham, mors praepropera an noceat, mortui an consulendi, mortui infantes an deflendi, musica, oratio, otium, papa an sit caput ecclesiae, peccati author an sit Deus, peccata parentum an posteri feriant, poenitentia, poenitentia an auferat afflictiones temporarias aut supplicia magistratus, de polygamia, praecepta duo si pugnare quodnam sit servandum, prophetia, regi an liceat statuere de religione, an rege delecto Deus desierit regere populum, sacramenta veterum et nostra an eadem, sacramentorum numerus, sacrificia an potuerit placere Deum, sancti an inferiores fuerint ethnicis in ferendis rebus adversis et cohibendis affectibus, sancti quomode praedicent sua opera, sanctorum lapsus, satisfactio papistica, sortes, testamenti veteris allegoriae de Christo, Trinitas sancta, vocatio.*

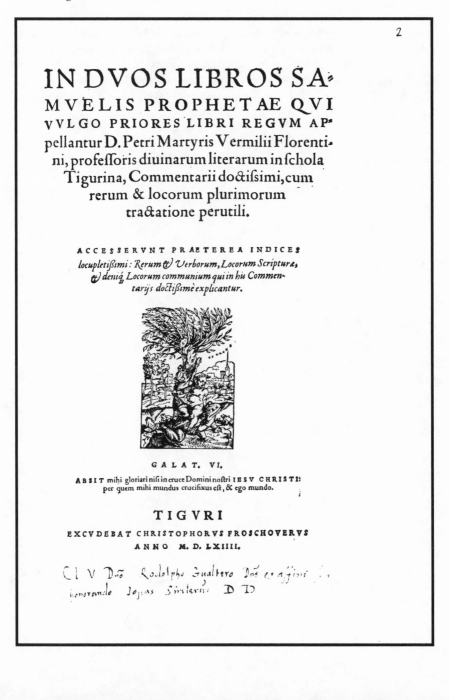

2

IN DVOS LIBROS SA-
MVELIS PROPHETAE QVI
VVLGO PRIORES LIBRI REGVM AP-
pellantur D. Petri Martyris Vermilii Florentini, profeſſoris diuinarum literarum in ſchola
Tigurina, Commentarii doctiſsimi, cum
rerum & locorum plurimorum
tractatione perutili.

ACCESSERVNT PRAETEREA INDICES
locupletiſsimi : Rerum & Verborum, Locorum Scripturæ,
& deniǿ Locorum communium qui in his Commen-
tarijs doctiſsimè explicantur.

GALAT. VI.

ABSIT mihi gloriari niſi in cruce Domini noſtri IESV CHRISTI:
per quem mihi mundus crucifixus eſt, & ego mundo.

TIGVRI
EXCVDEBAT CHRISTOPHORVS FROSCHOVERVS
ANNO M. D. LXIIII.

Cl V Dño Rodolpho Gualtero Dño er asioii
honorando Jojas Simlerni D D

2. *In Duos Libros Samuelis Prophetae . . . Commentarii doctissimi. . . .* Zurich: C. Froschauer, 1567. Folio, ca. 20:30 cm. Fol. 333. Gatherings: aa–cc[6], a–z, A–Z, Aa–Hh[6]Ii[4]Kk[6]. The prefatory material is identical with entry IX.1.

Locations: Augsburg SB; Berlin, Deutsche Staatsbibliothek DDR; Bludov, Castle Lib.; Cambridge UL; Caius, King's, Magdalene, Trinity; Florence BNC; Grenoble BM; Lausanne BCV; Leiden UB; Marburg UB; Munich BSB; Oxford, Balliol, Corpus Christi, Jesus, Queen's, Wadham; Pápa, Reformed Church Library; Paris BN, St. Geneviève; Prague, State Library; Toruń, Univ. Bib.; Wolfenbüttel HAB; Wrocław, Univ. Bib.; Zurich ZB.

IN DVOS LIBROS SA-
MVELIS PROPHETAE QVI
VVLGO PRIORES LIBRI REGVM AP-
pellantur D.Petri Martyris Vermilii Florentini,professoris diuinarum literarum in schola
Tigurina, Commentarii doctissimi,cum
rerum & locorum plurimorum
tractatione perutili.

E D I T I O secunda priori longe emendatior.

ACCESSERVNT PRAETEREA INDICES
locupletissimi: Rerum & Verborum , Locorum Scriptura,
& deniq Locorum communium qui in his Commen-
tarijs doctissimè explicantur.

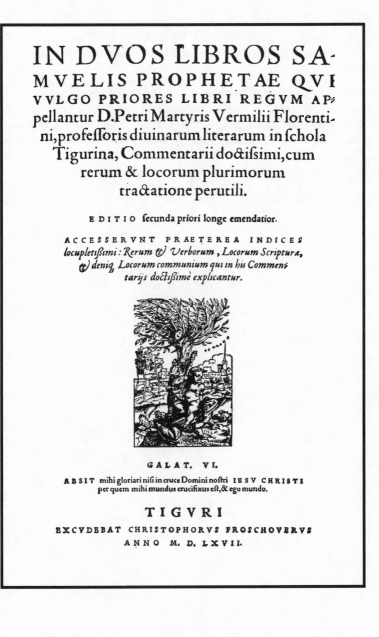

GALAT. VI.

ABSIT mihi gloriari nisi in cruce Domini nostri **IESV CHRISTI**
per quem mihi mundus crucifixus est,& ego mundo.

TIGVRI
EXCVDEBAT CHRISTOPHORVS FROSCHOVERVS
ANNO M. D. LXVII.

3.   *In Duos Libros Samuelis Prophetae . . . Commentarii doctissimi. . . .* Zurich:
      C. Froschauer, 1575. Folio, ca. 20:30 cm. Fol. 333. Gatherings: aa–cc^6,
      a–z, A–Z, Aa–Hh^{6}Ii^{4}Kk^6. The prefatory material is identical with entry
      IX.1.

Locations: Basel UB; Berlin, Deutsche Staatsbibliothek DDR; British L; Cambridge
UL, Pembroke, Queens', St. John's; Sidney; Chicago, Newberry; Folger; Maldon,
Plume; Marburg UB; Munich BSB, UB; New York, Union Theological; Nuremberg
SB; Oxford, All Souls, Pembroke; Pápa, Reformed Church Library; Paris BN; St.
Louis, Concordia; Strasbourg BNU; Troyes BM; Windsor Castle; Worcester, American
Antiquarian Society L; Wrocław, Univ. Bib.; Urbana UIL; Zurich ZB.

IN DVOS LIBROS SA-
MVELIS PROPHETAE QVI
VVLGO PRIORES LIBRI REGVM AP-
pellantur,D.Petri Martyris Vermilii Florentini,profefforis diuinarum literarum in fchola
Tigurina, Commentarii doctifsimi,cum
rerum & locorum plurimorum
tractatione perutili.

ACCESSERVNT PRAETEREA INDICES
locupletiſſimi: Rerum & Verborum,Locorum Scripturæ,
& deniq Locorum communium,qui in his Commen-
tarijs doctiſſimè explicantur.

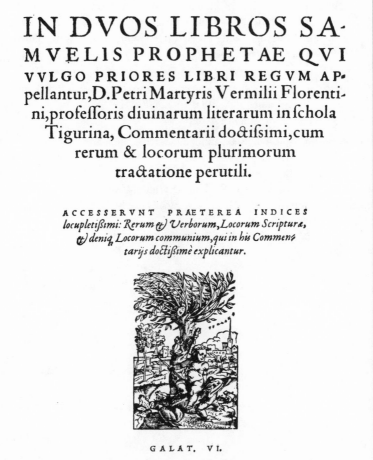

GALAT. VI.

ABSIT mihi gloriari nifi in cruce Domini noſtri IESV CHRISTI,
per quem mihi mundus crucifixus eſt, & ego mundo.

TIGVRI
EXCVDEBAT CHRISTOPHORVS FROSCHOVERVS
ANNO M. D. LXXV.

4. *In Samuelis Prophetae Libros Duos . . . Commentarii doctissimi.* . . . Zurich:
    J. Wolf, 1595. Folio, ca 22:30 cm. Fol. 330. Gatherings: aa^6*^{6}**^{6}, a–z,
    A–Z, Aa–Ii^{6}AA^{6}BB^4. This edition includes Simler's letter to Kisska, indices
    "rerum et verborum" and of scripture citations and a list of common places
    [aa^2–**^{5}]. AA^1–BB^{4v} prints a short history of Palestine by Johann Stuckius.
    There is also a poem by Caspar Waser of 210 lines in hendecasyllables
    describing Martyr's life; it is based on Josiah Simler's short biography of
    Martyr. Some copies [e.g. that in London, Dr. Williams's Library] place
    these pages after Simler's letter.

Locations: Berlin, Deutsche Staatsbibliothek DDR; Chur KBG; Chicago, Newberry;
Cincinnati PL; Coburg LB; Deventer AB; Dublin, Trinity; Florence BNC; Groningen
UB; Heidelberg UB; London, Dr. Williams's; Munich UB; Paris BN; Oxford,
Bodleian, Merton, New College, St. John's, Trinity, University College; Regensburg
SB; Sárospatak, Reformed Church Library; Strasbourg BNU; Tübingen UB; Winterthur
SB; Wrocław, Univ. Bib.

+ Amsterdam, Cath .

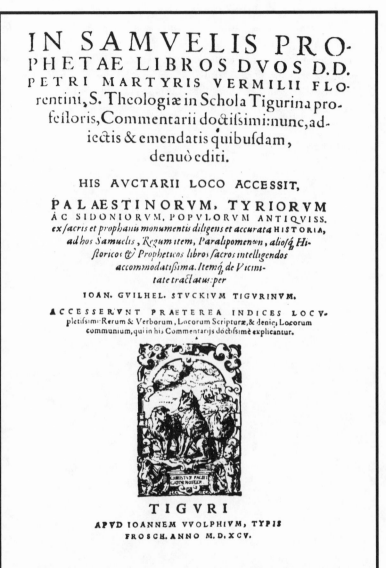

IN SAMVELIS PRO-
PHETAE LIBROS DVOS D.D.
PETRI MARTYRIS VERMILII FLO-
rentini, S. Theologiæ in Schola Tigurina pro-
feiloris, Commentarii doctissimi: nunc, adiectis & emendatis quibufdam,
denuò editi.

HIS AVCTARII LOCO ACCESSIT,

PALAESTINORVM, TYRIORVM
AC SIDONIORVM, POPVLORVM ANTIQVISS.
ex facris et prophanis monumentis diligens et accurata HISTORIA,
ad hos Samuelis, Regum item, Paralipomenon, aliofq́ Hi-
ftoricos & Propheticos libros facros intelligendos
accommodatifsima. Itemq́ de Vicini-
tate tractatus: per

IOAN. GVILHEL. STVCKIVM TIGVRINVM.

ACCESSERVNT PRAETEREA INDICES LOCV-
pletifsimi: Rerum & Verborum, Locorum Scripturæ, & denicy Locorum
communium, qui in his Commentarijs doctifsimè explicantur.

TIGVRI
APVD IOANNEM VVOLPHIVM, TYPIS
FROSCH. ANNO M.D.XCV.

5. *Der Gekrönte David, Das ist Die Geschichte des zweiten Israelitischen Königs Davids, von dem tode Sauls an, bis zu seinem absterben, Nach der Biblischen haubtschrift gehandelt und augsgelet Auffs neue aus andern auslegungen in deutsch verfasset und zusammengetragen.* . . . [Von Ludwig Fuerst von Anhalt-Koethen]. Zerbst, 1648. 4°, ca. 15.18 cm. Pp. 726. Gatherings: A-Z, Aa-Zz, Aaa-Zzz, Aaa-Bbb, Cccc-Yyyy^4. Pp. 3-11 contain a short history of David's reign. The text of the commentary is pp. 12-686. The index is pp. 689-726.

Locations: Coburg LB.

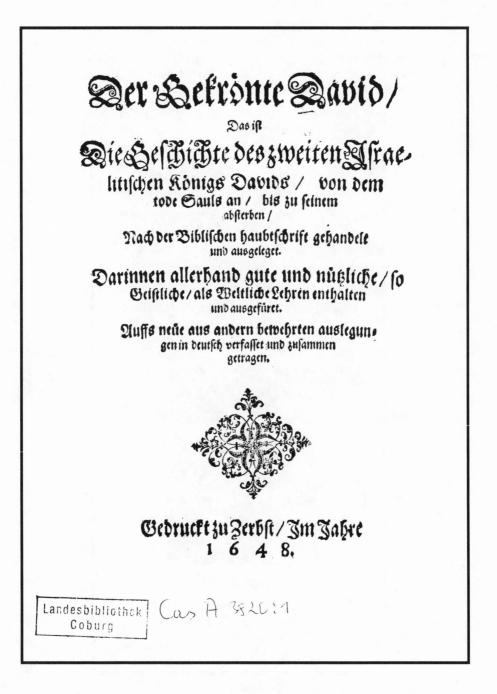

Der Gekrönte David /

Das ist

Die Geschichte des zweiten Israe-

litischen Königs Davids / von dem
tode Sauls an / bis zu seinem
absterben /

Nach der Biblischen haubtschrift gehandele
und ausgeleget.

Darinnen allerhand gute und nützliche / so

Geistliche / als Weltliche Lehren enthalten
und ausgeführet.

Auffs neue aus andern bewehrten auslegungen in deutsch verfasset und zusammen
getragen.

Gedruckt zu Zerbst / Im Jahre
1 6 4 8.

X. PRAYERS ON THE PSALMS

1. *Preces Sacrae ex Psalmis Davidis desumptae.* . . . Zurich: C. Froschauer,
   1564. 16°, ca. 7:12 cm. Pp. 183. Gatherings: A–Z⁸. Pp. 1–2 print an
   introductory letter of Josiah Simler to Hermann Folkersheimer which relates
   that these were the prayers with which Martyr closed his lectures at Strasbourg
   during the First Schmalkaldic War.

Locations: Basel UB; British L; Cambridge, Jesus; Munich BSB; Nuremberg SB;
Paris BN; Utrecht UB; Zurich ZB.

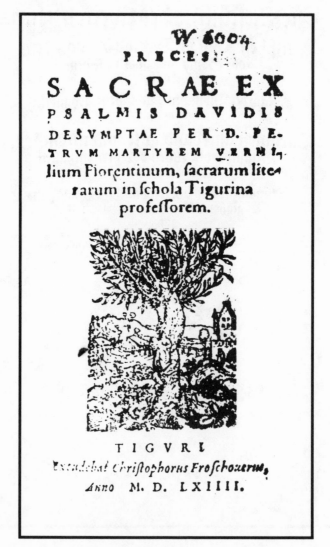

2. *Preces Sacrae ex Psalmis Davidis desumptae.* . . . Zurich: C. Froschauer,
    1566. 16°, ca. 7:12 cm. Pp. 183. Gatherings: A–Z[8]. Simler's letter is pp.
    1–2.

Locations: Berlin, Deutsche Staatsbibliothek DDR; Florence BNC; Geneva BPU;
Leiden UB; Oxford, Bodleian, Christ Church; Passau SB; Zurich ZB.

3. *Most Godly prayers compiled out of Davids Psalms*. . . . London: William
    Seres, 1569. 8°, ca. 9:14 cm. STC 24671. Unpaginated and unfoliated.
    Gatherings: [A⁴] B–Z, Aa–Kk⁸Ll⁴. Simler's letter is on [A²⁻⁴ᵛ].

Locations: Berkeley UCL; British L; Cambridge UL; Evanston, Northwestern;
Folger; Harvard; London, Westminister School; Oxford, Bodleian; Urbana UIL.

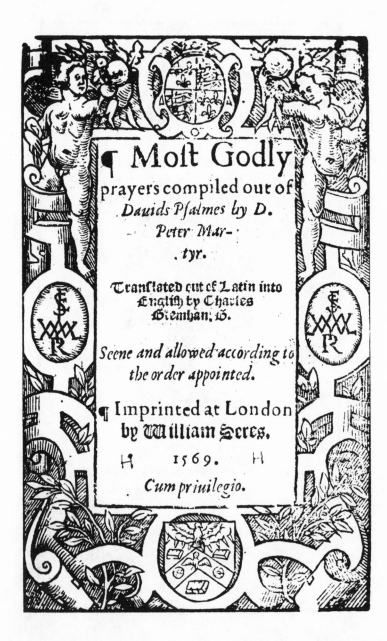

4.   *Sainctes Prieres recueillies des Pseaumes de David.* . . . [Geneva]: Jean Durant,
     1577. 16°, ca. 7.5:11 cm. Gatherings: a–z, aa–bb⁸.

Locations: London, Dr. Williams's; Strasbourg BNU.

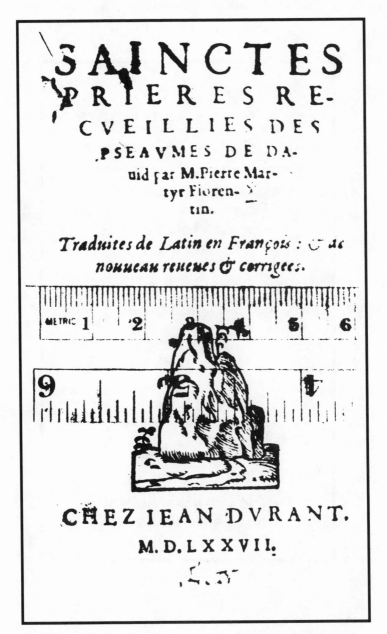

5. *Preces Sacrae ex Psalmis Davidis desumptae.* . . . Zurich: C. Froschauer, 1578. 16°, ca. 8:13 cm. Pp. 183. Gatherings: A–Z^8.

Locations: Berlin, Deutsche Staatsbibliothek DDR; Cambridge, Caius; Durham, Duke; Gdańsk, Bib. PAN; Strasbourg BNU; Wrocław, Univ. Bib.; Zurich ZB.

6. *Saintes prieres recueillies des Pseaumes de David.* . . . La Rochelle: Pierre
    Haultin, 1581. 16°, ca. 7.5:12 cm. Pp. 373. Gatherings: *[8] A–Z, Aa[8].
    Simler's letter is *[2-8]. The last ten pages in this edition are French hymns.

Locations: Lausanne BCV; Paris BSHPF.

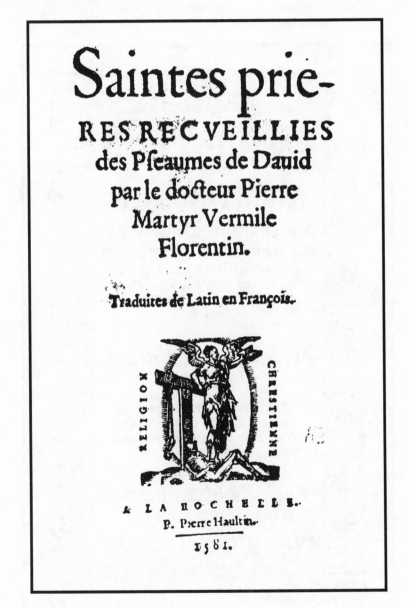

7. *Heilige und trostliche Gebätt ußden Psalmen Davids gezogen*. . . . Zurich: Froschauer, 1589. 12°, ca. 9:14.5 cm. Fol. 144. Gatherings: A–S[8]. In this edition A[2-5v] prints a letter of Hans Jacob Buwman, minister at Marbach, to the burgermeister and city council of Zurich.

Locations: Berlin, Deutsche Staatsbibliothek DDR; Neuchâtel, Bibliothèque des Pasteurs; Wolfenbüttel HAB; Zurich ZB.

8. *Preces Sacrae ex Psalmis Davidis primum per Petrum Martyrem collectae: nunc Vero ex autographis correctae et Sylvas Homiliarum . . . Rodolphi Gualtheri . . . Locupletatae.* Zurich: J. Wolf, 1604. 12°, ca. 8:13.5 cm. Fol. 182. Gatherings:)(^{12} A–Y^{12} . This edition has two new introductory letters: R. Simler, M.D., to Wilhelm Stucki, professor of Theology at Zurich, dated March 6, 1604, and J. Wolf to Hermann Folkersheimer; there follows a page from St. John Chrysostom. Martyr's *Preces* go only to fol. Q^2, which is followed by a new title page for the *Sylva Homiliarum* of R. Gualther.

Locations: Basel UB; Paris BN; Wolfenbüttel HAB; Wrocław, Univ. Bib.; Zurich ZB.

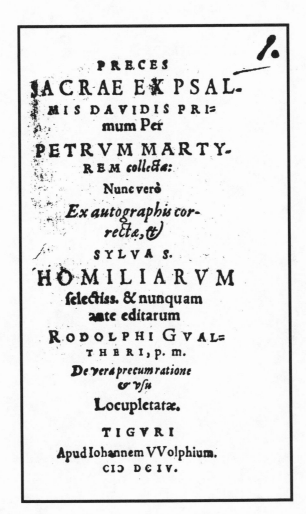

9.   *Modlitby Svaté z v Žalmov Davida Proroka Božího.* . . . Translated and edited
     by Johannes Sudlicius. Prague: 1620. 12°. Pp. 318. Gatherings: A–C^{12},
     B–C^{12}, D–Z^{12}, Aa^{6}.

Locations: Prague, State Library [SK ČSR: 54 G 217].

[NB: This work is reprinted in entry XIII.3, Tomus tertius.]

Modlitby Swaté /

z Žalmůw Dawida Pro-
roka Božjho / od Oswjceného
Muže Doktora Petra Martyra
Wermilia Wlacha / z Města Florence / Pjsem S. w Včenj Slaw-
ném w Městě Zurychu / w Zemi
Sswejcarské Proffessora / wy-
ňaté a složené
nynj
z Řeči Latinské na Řeč Českau
přeložené /
Od
M. Jana Sudlicya.

Wytisstěné w Starém
Městě Pražském u Anny
Dačické
Léta Páně M. DC. XX.

XI. COMMENTARY ON THE BOOK OF KINGS

1. *Melachim id est, Regum Libri Duo posteriores cum Commentarijs.* Zurich:
C. Froschauer, March, 1566. Folio, ca. 20:31 cm. Fol. 451. Gatherings:
$*_{*}**^6$ aaa–ccc^6 a–z, A–Z, Aa–Zz, AA–EE^6 FF^8. There is an index "rerum
et verborum" [aaa^1–ccc^6]. Martyr lectured on the two Books of Kings from
1560 until his death in 1562. Johann Wolf completed the commentary on
the last fourteen chapters of 2 Kings and wrote the prefatory letter [$*^2$–$**^5$]
to Frederick, Count Palatine, in which he pointed out that Martyr's portion
[up to 2 Kings 11:20, fol. 282^r] of the commentary comes partly from his
manuscripts and partly from dictated notes. This, Martyr's last commentary,
is very rich in common places; Wolf does not add common places to his
commentary.

Locations: Augsburg SB; Berlin, Deutsche Staatsbibliothek DDR; Cambridge, King's,
Magdalene, Pembroke, Peterhouse, Sidney; Durham, Duke; Folger; Geneva BPU;
Grenoble BP; Harvard; Lausanne BCV; Neuchâtel, Bibliothèque des Pasteurs;
Oxford, Christ Church, Corpus Christi, Magdalen, Pembroke; Regensburg SB; St.
Gallen SB; Toruń, Univ. Lib.; Tübingen UB; Winterthur SB; Wrocław, Univ. Bib.;
Zurich ZB.

The commentary on the books of Kings contains common places on: *adoratio
hominum, adoratio imaginum, aegrotantium visitatio, apologotum usus, aqua lustralis,
asylorum descriptio, aulicorum peritia, captivi servandi ne an occidendi, cherubim,
chriarum in sacris usus, deastrorum descriptio, dedicatio templorum, dii gentiles,
divortium, exilia, excelsa, fucus, idolorum ratio, idololatrarum affinitates, imagines
in templis, inferi, lepra, libido, ligna in aedificiis, mandata divina an in hac vita
servari possint, matrimonia an rescindenda, miracula divina, monopolia, munerum
et donorum acceptio, peccatum, peccati author, praecepta Dei, raptus Heliae et
Enochi, rectum Deo placens, rei an impuniti dimittendi, resurrectio, sapientia,
sacramentorum institutio, sanctorum in hac vita miseriae, schisma et schismatici,
seditiones et turbae, sepulturae ratio, servitus, silentium, spiritus in terra vagantes,
tentationes, thesaurorum sacrorum usus, tyrannica imperia, verbi Dei contemptus,
victimae humanae, vigilantia.*

MELACHIM

ID EST,

REGVM LIBRI DVO

posteriores cum Com-
mentarijs

PETRI MARTYRIS VERMILII
FLORENTINI SACRAR. LITERAR. IN SCHO-
la Tigurina Professoris in primum totum & secundi priora xi. Capita.

E T

IOANNIS VVOLPHII TIGVRINI IN
secundi quatuordecim ultima
Capita.

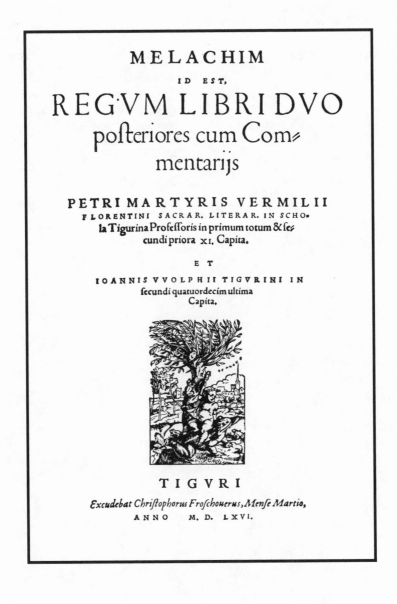

TIGVRI

Excudebat Christophorus Froschouerus, Mense Martio,
ANNO M. D. LXVI.

2. *Melachim id est, Regum Libri Duo posteriores cum Commentarijs.* . . . Zurich:
    C. Froschauer, March, 1571. Folio, ca. 20:31 cm. Fol. 451. Gatherings:
    *, ***[6] aaa–ccc[6] a–z, A–Z, Aa–Zz, AA–EE[6]FF[8]. This is a reprint of the
    previous entry [XI.1], with the same preface and index "rerum et verborum."

Locations: Bludov, Castle Lib.; Cambridge UL, Caius; Columbus OSUL; Dublin,
Trinity; Edinburgh, New College L; Geneva BPU; Lausanne BCV, Bibliothèque des
Pasteurs; Madison UWL; Marburg UB; Munich BSB, SB; Nuremberg SB; Oxford,
All Souls, Queen's, Wadham; Paris BN, St. Geneviève; Philadelphia UPL; Prague,
State Library; St. Louis, Concordia; Troyes BM; Wolfenbüttel HAB; Wrocław, Univ.
Bib.; Zurich ZB.

MELACHIM

ID EST,

REGVM LIBRI DVO
posteriores cum Com-
mentarijs

PETRI MARTYRIS VERMILII
FLORENTINI SACRAR. LITERAR. IN SCHO-
la Tigurina Professoris in primum totum & secundi priora x I. Capita.

ET

IOANNIS VVOLPHII TIGVRINI IN
secundi quatuordecim vltima
Capita.

TIGVRI
Excudebat Christophorus Froschouerus, Mense Martio,
ANNO M. D. LXXI.

3. *Melachim id est, Regum Libri Duo posteriores cum Commentarijs.* . . . Zurich: C. Froschauer, February, 1581. Folio, ca. 20:31 cm. Fol. 275. Gatherings: *, **^{6} aaa–ccc^6 a–z, Aa–Zz, AA^6.

Locations: Edinburgh UL; London, Dr. Williams's; Munich UB; Oxford, Jesus, Merton; Strasbourg BNU; Wrocław, Univ. Bib.

MELACHIM

ID EST,

REGVM LIBRI DVO

posteriores cum Com-
mentarijs

PETRI MARTYRIS VERMILII

FLORENTINI SACRARVM LITERARVM IN
Schola Tigurina Profeſſoris in primum totum
& ſecundi priora X I. Capita,

ET

IOANNIS WOLPHII TIGVRINI IN
ſecundi quatuordecim vltima
Capita.

TIGVRI
Excudebat Chriſtophorus Froſchouerus, Menſe Febr.
ANNO M. D. LXXXI.

4. *Melachim id est, Regum Libri Duo posteriores cum Commentarijs.* . . . Zurich: C. Froschauer, 1581 impensis Roberti Camberi. Folio, ca. 20:32 cm. Fol. 451. Gatherings: ∗, ∗∗⁶aaa–ccc, a–z, A–Z, Aa–Zz, AA–EE⁶FF⁸. This edition has the same preface and index as entries XI.1 and XI.2.

Locations: Cambridge UL, Christ's, Queens'; Edinburgh New College L; Zurich ZB.

[The distinction between the two 1581 Zurich editions is not usually noted in library catalogues. These libraries have one or the other edition: Chicago, Newberry; Dublin, Trinity; Leiden UB; Maldon, Plume; Middelburg PB; Philadelphia UPL; St. Louis, Concordia; Székesfehévár, Episcopal Library; Tübingen UB. The signatures of the two editions are rather different.]

MELACHIM

ID EST,

REGVM LIBRI DVO
posteriores cum Com-
mentarijs

PETRI MARTYRIS VERMILII
FLORENTINI SACRARVM LITERARVM IN
Schola Tigurina Professoris in primum totum
& secundi priora XI. Capita,

ET

IOANNIS VVOLPHII TIGVRINI IN
secundi quatuordecim vltima Capita.

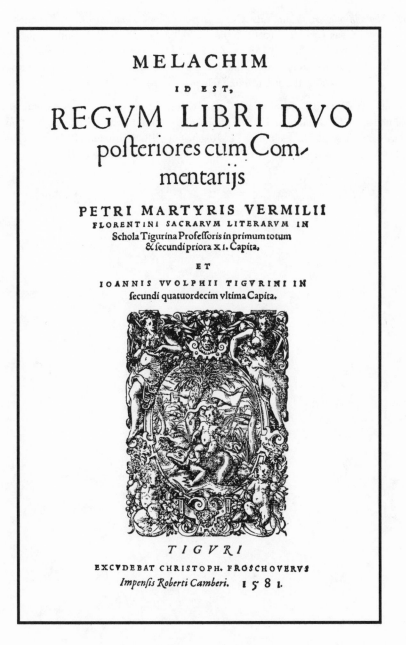

TIGVRI
EXCVDEBAT CHRISTOPH. FROSCHOVERVS
Impensis Roberti Camberi. 1581.

5.   *Melachim id est, Regum Libri Duo posteriores cum Commentarijs.* . . . Heidelberg: Andreas Cambier, 1599. Folio, ca. 18:30 cm. Fol. 424. Gatherings: $*^6**^4$ aaa, bbb^6 ccc^{4}a–z, A–A, Aa–Zz, Aaa, Bbb^6. Martyr's portion is fols. 1–264^v. Wolf's prefatory letter, the indices "rerum et verborum" and scripture citations and the list of common places are $*^2$–ccc^{4v}.

Locations: Basel UB; Cambridge, Caius, Clare, Emmanuel, Queens'; Coburg LB; Edinburgh UL; Groningen UB; Heidelberg UB; Oxford, New College, St. John's, University College; Philadelphia UPL; Regensburg SB; Sárospatak, Reformed Church Library; Schaffhausen SB; Utrecht UB; Vienna ONB; Zofingen SB.

+ Durham, Cath.

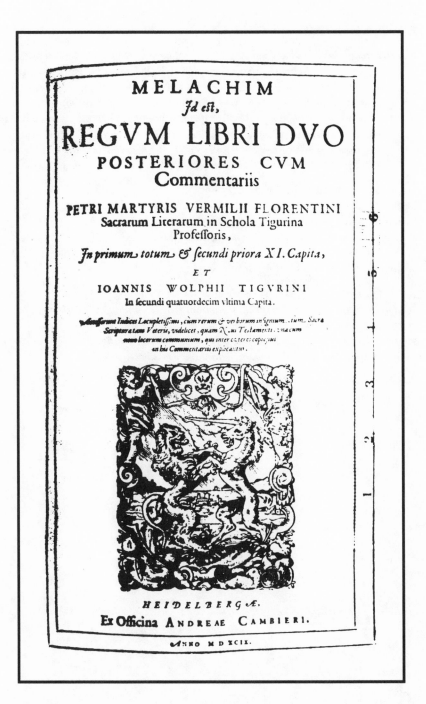

MELACHIM
Jd eſt,
REGVM LIBRI DVO
POSTERIORES CVM
Commentariis

PETRI MARTYRIS VERMILII FLORENTINI
Sacrarum Literarum in Schola Tigurina
Profeſſoris,

Jn primum totum & ſecundi priora XI. Capita,

ET

IOANNIS WOLPHII TIGVRINI
In ſecundi quatuordecim vltima Capita.

Adiunctorum Indices Locupletiſſimi , cùm rerum & verborum inſignium , tum Sacræ
Scripturæ tam Veteris, videlicet , quam Noui Teſtamenti : vna cum
nouo locorum communium , qui inter cæteros copioſius
in his Commentariis explicantur.

HEIDELBERGÆ.
Ex Officina ANDREAE CAMBIERI.

Anno M D XCIX.

XII. COMMENTARY ON GENESIS

1. *In Primum Librum Mosis, qui vulgo Genesis dicitur Commentarii doctissimi.* . . .
    Zurich: C. Froschauer, 1569. Folio, ca. 18:28.5 cm. Fol. 169. Gatherings:
    a, b⁶A–Z, Aa–Ff⁶. Josiah Simler's *Vita* of Martyr is printed on fols. a³–b⁶;
    there is a prefatory letter, dated February 8, 1569, to Bishop John Jewel
    of Salisbury [a²] and an index "rerum et verborum" [FF²⁻⁵]. This posthumous
    work is Martyr's earliest scripture commentary, based on his lectures during
    his first Strasbourg period, 1542–1547. It breaks off abruptly at Genesis
    42:25. Fol. b⁶ᵛ prints a woodcut with Vermigli's portrait by J. Murner.

Locations: Augsburg SB; Basel UB; Bern SB; British L; Bludov, Castle Lib.;
Budapest, Raday; Cambridge, Jesus, King's, Magdalene, Pembroke, Peterhouse;
Durham, Duke; Edinburgh UL; Grenoble BP; Kórnik, Bib. PAN; Lausanne BCV;
Maldon, Plume; Oxford, Balliol, Corpus Christi, Jesus, Magdalen, Queen's, University
College; Paris BN; St. Gallen SB; Urbana UIL; Vienna ONB; Windsor Castle;
Winterthur SB; Wrocław, Univ. Bib.; Zurich ZB.

The commentary on Genesis contains the following common places: *baptismus,
bellum, circumcisio, fuga, gigantes, insomnia, iris, iusiurandum, iustificatio, luctus
mortuorum, paradisus, peccatum originis, praedestinatio, prophetia, providentia,
sacramenta, sacrificia, scriptura sacra, sepultura, servitus, tentatio, testamenti utriusque
similitudo et differentia, theraphim, tyrannus, vocation divina, vota.*

IN PRIMVM LIBRVM

MOSIS, QVI VVLGO GE-
NESIS DICITVR COMMENTARII
doctissimi D.Petri Martyris Vermilii Florentini, professoris diuinarum literarum in
schola Tigurina, nunc primum
in lucem editi.

Addita est initio operis Vita eiusdem à IOSIA SIM-
LERO *Tigurino descripta.*

PRAETEREA *accesserunt duo Indices locupletissimi Rerum*
& verborum vnus, alter locorum communium qui
in his Commentarijs explicantur.

Absit mihi gloriari nisi in cruce Domini nostri IESV CHRISTI
per quem mihi mundus crucifixus est & ego mundo.

TIGVRI

EXCVDEBAT CHRISTOPHORVS
FROSCHOVERVS M. D. LXIX.

2. *In Primum Librum Mosis, qui vulgo Genesis dicitur Commentarii doctissimi.* . . .
    Zurich: C. Froschauer, 1579. Folio, ca. 19:29.5 cm. Fol. 199. Gatherings:
    a⁶b⁶A–Z, Aa–Ii⁶Kk⁸. This edition contains Ludwig Lavater's commentary
    on the last eight chapters [fols. 169ᵛ–193ᵛ] which were missing from
    Martyr's manuscript. The prefatory letter and the *Vita* of Josiah Simler are
    fols. a²–b⁶. The index "rerum et verborum" is fols. 194–199.

Locations: Augsburg SB; Basel UB; Berlin, Deutsche Staatsbibliothek DDR; Cambridge
UL, Emmanuel, Queens', Sidney, St. John's; Chicago UCL; Columbus OSUL;
Edinburgh, New College L; Erlangen UB; Geneva BPU; Marburg UB; Middelburg
PB; Munich BSB, UB; New York, Union Theological; Nuremberg SB; Oxford,
Bodleian, Christ Church, Merton, New College, St. John's, Trinity; Paris BN, St.
Geneviève; Sárospatak, Reformed Church Library; Vienna ONB; Wolfenbüttel
HAB; Worcester, American Antiquarian Society L; Zurich ZB.

IN PRIMVM LIBRVM

MOSIS, QVI VVLGO GENESIS DICITVR, COMMENTARII

doctissimi D. Petri Martyris Vermilii Florentini, professoris diuinarum literarum in schola Tigurina, nunc denuo in lucem editi.

Addita est initio operis vita eiusdem à IOSIA SIMLERO *Tigurino descripta.*

ACCISSERVNT *præterea in hac editione, octo postrema capita huius libri,* LVDOVICO LAVATERO *interprete: Item que Indices locupletissimi Rerum & verborum, atq̃ Locorum communium.*

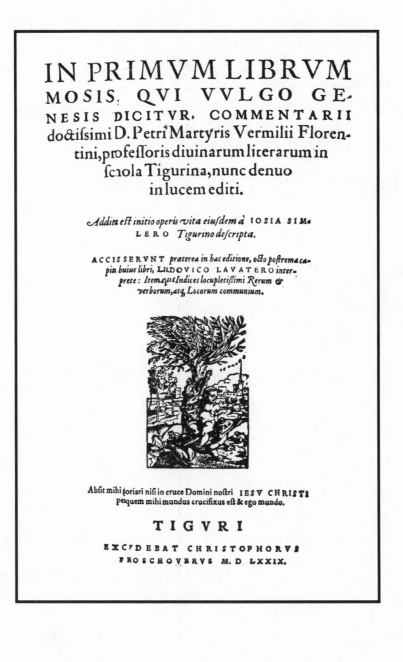

Absit mihi gloriari nisi in cruce Domini nostri IESV CHRISTI per quem mihi mundus crucifixus est & ego mundo.

TIGVRI

EXCVDEBAT CHRISTOPHORVS
FROSCHOVERVS M. D. LXXIX.

3. *In Primum Librum Mosis, qui vulgo Genesis dicitur Commentarii doctissimi.* . . .
   Heidelberg: J. Lancellot, 1606. Folio, ca. 18.5:30.5 cm. Fol. 159. Gatherings:
   a–z, A–F^{6}F^4. This edition does not print Lavater's continuation of Martyr's
   commentary, but does contain Simler's prefatory letter to Jewel and his
   Vita [a^2–b^6] and an index "rerum et verborum" [F^1–F^4].

   Locations: Aarau AKB; Berlin, Deutsche Staatsbibliothek DDR; Deventer AB;
   Coburg LB; Edinburgh UL; Florence BNC; Geneva BPU; Göttingen UB;
   Groningen UB; Harvard-Andover; Leiden UB; Paris BN, St. Geneviève.

+ Durham, Cath.

IN PRIMVM LIBRVM MOSIS,
QVI VULGO GENESIS DICITUR

COMMENTARII

DOCTISSIMI D. PETRI MAR-
TYRIS VERMILII FLORENTINI, PRO-
FESSORIS DIVINARUM LITERARUM
IN SCHOLA TIGURINA,

Editio secunda.

Addita est initio operis Vita eiusdem, à JOSIA SIMLERO
Tigurino descripta:

PRÆTRREA

Accesserunt duo Indices locupletissimi Rerum & Verborum vnus, alter Locorum
Communium qui in his Commentariis explicantur.

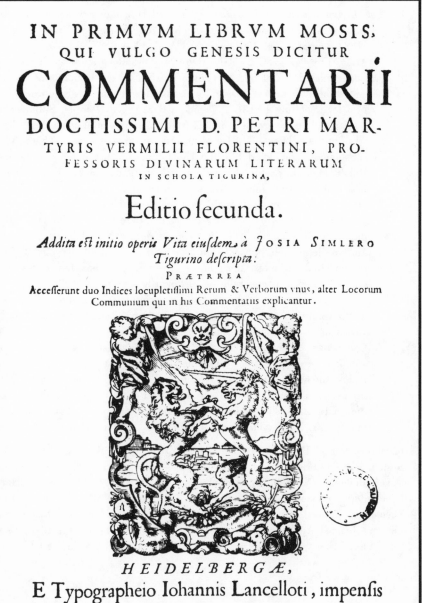

HEIDELBERGÆ,
E Typographeio Iohannis Lancelloti, impensis
ANDREÆ CAMBIERI.

Anno M D C VI.

XIII. THE LOCI COMMUNES

1. *Loci Communes. Ex variis ipsius Aucthoris libris in unum volumen collecti, &*
   quatuor classes distributi. . . . London: John Kyngston, 1576. Folio, ca.
   18:27.5 cm. Pp. 1089. Gatherings: *^{8}A–Z, AA–RR^{6}SS^{10}TT–ZZ, AAa–ZZa,
   AAaa–YYyy^{6}a^4. STC 24667. There is a prefatory letter to Sir Anthony
   Cooke, dated 6 Calends of February, 1576, from Robert Masson, who
   edited the *Loci Communes,* and a short index "rerum et verborum" [a$^{1-4}$].
   In a letter of July 1, 1563, Theodore Beza urged Heinrich Bullinger that
   a systematic theology be compiled from Martyr's writings, but the task had
   to await the publication of his manuscript lectures at Zurich. This task was
   substantially completed with the 1569 edition of his lectures on Genesis.
   Robert Masson, pastor of the French Congregation in London, edited the
   first edition, using John Calvin's *Institutes* as a model for the order and
   arrangement of subjects. With few exceptions the *Loci Communes* reprint
   the common places or systematic scholia that were scattered through Martyr's
   biblical commentaries. This first edition does not contain a collection of
   Martyr's letters and opuscula nor Josiah Simler's short biography of Martyr
   that are found in most later editions. There were at least four states to this
   edition, which can generally be distinguished by the fifth line of the title
   page, which reads as follows: 1) "Ex varijs ipsius Aucthoris & libris in
   unam volumen"–example in Edinburgh, Scots National Library; 2) "Ex
   varijis ipsius Aucthoris & libris in unum volumen col-"–example in the
   Cambridge University Library; 3) "Ex varijis ipsius & libris in unum
   volumen"–example in the Bibliothèque nationale of Paris; 4) "Ex varijis
   ipsius Aucthoris libris in unum volumen"–example in the British Library.
   Some copies have the index [a^4] at the end of the book, others right after
   the front matter [*^{8}]. The latter copies add *"cum privilegio Regiae Majestatis"*
   before *"Ex Typographia Ioannis Kyngstoni"* on the title page.

Locations: Berlin, Deutsche Staatsbibliothek DDR; Bern SB; Bludov, Castle Lib.;
Boston, PL; Cambridge UL; Chicago UCL; Dillingen, Studienbibliothek; Durham,
Duke; Edinburgh SNL; Göttingen UB; Grenoble BP; Harvard; London, Dr. Williams's;
Londonderry, Diocesan Library; Marburg UB; Munich BSB; New York, Union
Theological; Oxford, All Souls, Bodleian; Paris BN, St. Geneviève; Prague, State
Library; Regensburg SB; San Marino, Calif., Huntington; Strasbourg BNU; Toruń,
Univ. Lib.; Urbana UIL; Warsaw, Univ. Bib.; Williamstown, Williams CL.

PETRI MARTY-
RIS VERMILII, FLOREN-
TINI PRÆSTANTISSIMI NOSTRA ÆTATE
THEOLOGI, LOCI COMMVNES

Ex varijs ipsius Aucthoris libris in vnum volumen collecti, & quatuor classes distributi.

PSAL. 46.

Deus in medio eius non commouebitur.

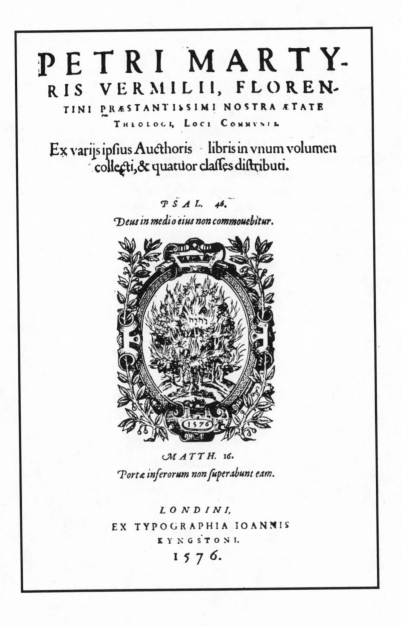

MATTH. 16.

Portæ inferorum non superabunt eam.

LONDINI,

EX TYPOGRAPHIA IOANNIS

KYNGSTONI.

1576.

2. *Loci Communes. Ex variis ipsius Authoris libris in unum volumen collecti, &
    quatuor Classes distributi.* Zurich: C. Froschauer, 1580. Folio, ca. 20:32
    cm. Fol. 589. Gatherings: α–ζ^6 A–Z, a–o^{6}p^{8}q–z, Aa–Zz, Aaa–Zzz, Aaaa–
    Eeee^{6}Ffff^8. Masson's prefatory letter, another from Rudolf Gualther to the
    students of the Zurich Academy dated August 22, 1580, and indices
    constitute the front matter [α^2–ζ^6].

Locations: Amherst UML; Amsterdam UB; Ann Arbor UML; Augsburg SB; Cambridge,
St. Catharine's; Chicago UCL; Chur KBG; Debrecen, Reformed Church Library;
Edinburgh, New College L; Geneva BPU; Göttingen UB; Harvard; Heidelberg UB;
Leiden UB; Marburg UB; Middelburg PB; Munich BSB; New Brunswick, Rutgers;
Oxford, St. John's; Pápa, Reformed Church Library; Prague, State Library; St.
Louis, Eden Seminary; Sárospatak, Reformed Church Library; Winterthur SB;
Wrocław, Univ. Bib.; Zurich ZB.

Biblioth. colleg. maioris (azini)

LOCÍ COMMVNES

D· PETRÍ MARTYRIS

VERMILII, FLORENTINI, SA-
crarum literarum in Schola Tigurina Professoris: ex variis ipsius authoris scriptis, in
vnum librum collecti, & in qua-
tuor Classes distributi.

ACCESSERVNT *huic æditioni ab ipso authore* P. MARTYRE
*scripti, nec antea publicati, Loci de Libero arbitrio, Prouidentia Dei, Præ-
destinatione, & Causa peccati. Adhæc Orationes siue Conciones, nec non Quæ-
stiones aliquot & Responsa: Epistolæ item partim Theologicæ, quibus varij
Loci explicantur, partim familiares.*

Cum Præfatione D. RODOLPHI GVALTHERI Tigurini
de vsu & vtilitate Locorum Communium, & de for-
mandis sacris Concionibus.

Indice præterea Rerum & Verborum copiosißimo.

*Omnis Scriba doctus ad regnum cælorum, similis est homini patrifamiliâs,
qui profert ex thesauro suo noua & vetera.* Matth. 13.

TIGVRI

EXCVDEBAT CHRISTOPHORVS FROSCHOVERVS
ANNO M. D. LXXX.

3. *Locorum Communium Theologicorum ex ipsius scriptis sincere decerptorum Tomus primus Locorum Communium Theologicorum, ex ipsius diversis Opusculis collectorum Tomus secundus cui acceserat antea quidem de eodem Eucharistiae Sacramento Disputatio; Nunc vero de Votis monasticis & caelibatu adversus Richardum Smythaeum Anglum elegantissima Tractatio. Item Dialogus de utraque in Christo natura Locorum Communium Theologicorum, ex ipsius diversis Opusculis collectorum. Tomus Tertius.* Basel: P. Perna, 1580, 1581, 1582. Folio, ca. 21:32 cm. Tomus I, pp. and cc. 1778; Tomus II, pp. and cc. 1654, Tomus III pp. and cc. 481. Gatherings: Tomus I: α^6A–Z, Aa–Zz, AAa–ZZz, AAA–CCC^{6}DDDd–EEEe^{6}FFFf^8 GGGg–HHHh^6 KKKk^6 LLLl^8; Tomus II: α^4A–Z, Aa–Zz, AA–ZZ, AAA–FFF^6; Tomus III: α–γ^6 A–Z^6&^{4}q;^{6}. These volumes alternate pages and columns numbered continuously. Tomus I prints the basic *Loci Communes* as found in other editions. Tomus II [after a letter of Martyr to Elizabeth I and a letter of the typographer] prints Martyr's controversial works, our entries VII, V (together with an analysis), I [the *Disputatio*] and IV. Tomus II was printed with three different title pages. Tomus III prints a mass of minor works: Simler's *Vita*, Martyr's Strasbourg confession on the eucharist, his Poissy confession, several poems lauding Martyr, tracts on free will and the dignity of the ministry, an exhortation to study holy scripture, an encomium of God's Word, his lecture on returning to Strasbourg, on theology, his inaugural lecture at Zurich, tracts on Christ's death and on Christ's resurrection, various short statements on the eucharist, letters to various churches, to Elizabeth I, to Polish Protestants, three letters to Protestants at Lucca, various theological letters, and his prayers on the Psalms. There is a separate title page for the theses defended by his students during his first period at Strasbourg, pp. 429–481, which suggest the contents of his lectures on the Pentateuch that have not survived. Much of the material from Tomus III was incorporated as appendices into subsequent editions of the *Loci Communes* .

Locations: Basel UB; Budapest, National Library; Coburg LB; Dublin, Trinity; Folger; Freiburg iB UB; Geneva BPU; Lausanne BCV, Bibliothèque de Pasteurs; Marburg UB; Middelburg PB; Montreal, Presbyterian College; Neuchâtel, Bibliothèque des Pasteurs; Oxford, Bodleian, Merton, St. John's; Paris, St. Geneviève; St. Gallen SB; St. Louis, Eden Seminary; Schaffhausen SB; Székesfehérvar, Episcopal Library; Toruń, Univ. Lib. [vol. 3 (1582)]; Troyes BM; Wrocław, Univ. Bib.; Zurich ZB.

vol. 2 (1581) in New Coll., Lib.

Durham, Cath. – vol. II   [not found by Ackr. 2/2001
Cambridge, St. Cath⁵, vols. I–II (Adams)

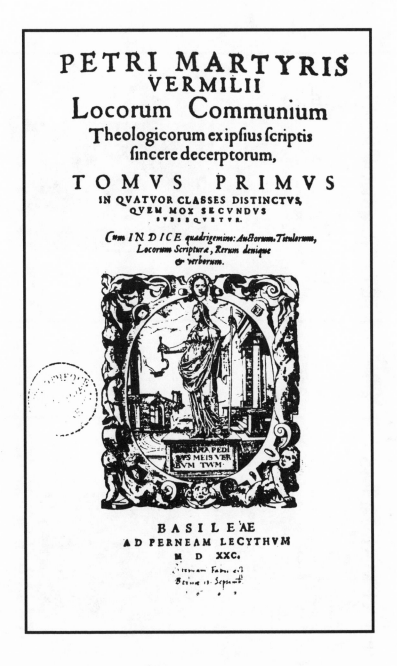

PETRI MARTYRIS
VERMILII
Locorum Communium
Theologicorum ex ipsius scriptis
sincere decerptorum,

TOMVS PRIMVS
IN QVATVOR CLASSES DISTINCTVS,
QVEM MOX SECVNDVS
SVBSEQVETVR.

Cum IN D ICE *quadrigemino: Auctorum. Titulorum,
Locorum Scripturæ, Rerum denique
& verborum.*

BASILEAE
AD PERNEAM LECYTHVM
M D XXC.

PETRI MARTYRIS
VERMILII
Opuscula Theologica
omnia partim noua, partim
prius quoque edita.

TOMVS TERTIVS.

In quo reliqua omnia eius Opuscula, tam
edita quam antea non edita
continentur.

CVM INDICE COPIOSISSIMO

BASILEAE.
AD PERNEAM LECYTHVM.
M D XCII

DEFENSIO
DOCTRINAE VETE-
RIS ET APOSTOLICAE DE SACRO-
SANCTO EVCHARISTIAE SACRAMENTO D. PE-
TRI MARTYRIS VERMILII FLORENTINI, DIVINARVM
Litterarum in schola Tigurina Professoris, in quatuor distincta partes, aduersus Ste-
phani Gardineri, quondam Vintoniensis Episcopi, librum, sub nomine M. An-
tonij Constantij editum, &c. Cum eiusdem Analysi in
totum de Eucharistia opus.

CVI ACCESSERAT ANTEA QVIDEM DE EO-
dem Eucharistiæ Sacramento Disputatio. Nunc verò de Voto monasticò
& cælibatu aduersus Richardum Smytheum Anglum
elegantissimus Tractatus.

ITEM

Dialogus de vtraque in CHRISTO natura.

OMNIA nunc primum in vnum corpus collecta & disposita, cum suis
INDICIBVS

BASILEAE
EX OFFICINA PETRI PERNAE
M D LXXXI

4.   *Loci Communes . . . ex variis ipsius authoris scriptis, in unum librum collecti & in quatuor Classes distributi.* London: Thomas Vautrollerius, 1583. Folio, ca. 22:32 cm. Pp. 1147. Gatherings: a–d^{6}A–Z, Aa–Zz, Aaa–Zzz, Aaaa–Zzzz, Aaaaa–Ggggg^{6}Hhhhh^4. STC 24668. The front material includes Masson's letter to readers [a^2], R. Gualther's preface [a$^{3-6}$], Masson's letter to Sir Anthony Cooke [a^{6v}–b^{2v}], Josiah Simler's *Vita* [b^4–c^{6v}], poems written in praise of Martyr after his death, a table of contents and a list of errata [fols. a^2–d^6]. The edition contains a collection of Martyr's letters, pp. 1071–1147, and the theses defended by his students at Strasbourg, pp. 999–1034. At the end of the work [fols. Ddddd^5–Hhhhh^3] are indices "rerum et verborum" and of scripture citations.

Locations: British L; Cambridge UL; Chicago UCL; Dublin, Marsh's Library; Edinburgh SNL, New College L; Folger; Glasgow UL; Harvard; Oxford, All Souls, Christ Church, Magdalen, University College; San Marino, Calif., Huntington; Toronto UTL; Yale.

LOCI COMMVNES

D. PETRI

MARTYRIS VER-

MILII, FLORENTINI, SACRARVM

LITERARVM IN SCHOLA TIGVRINA
Profefforis : ex varijs ipfius authoris fcriptis, in vnum
librum collecti, & in quatuor Claffes diftributi.

QVAM multa ad priorem editionem accefferint, ex admoni-
tione quam prima pagina exhibebit, faci-
le Lector deprehendet.

Omnis Scriba doctus ad regnum cælorum, fimilis eft homini patrifamiliâs, qui profert ex thefauro fuo noua & vetera. MAT. XIII.

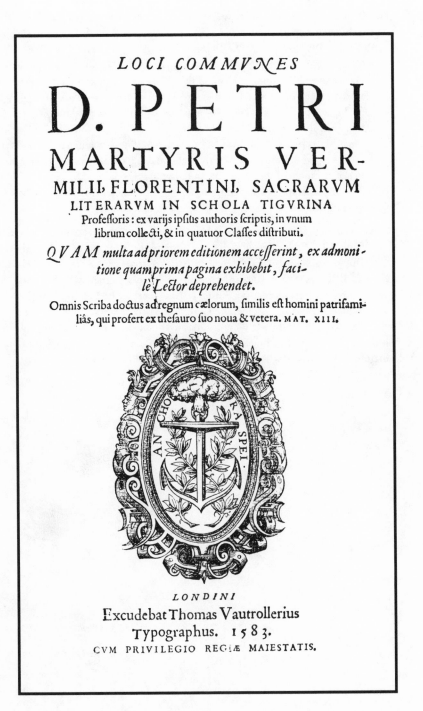

LONDINI
Excudebat Thomas Vautrollerius
Typographus. 1583.
CVM PRIVILEGIO REGIÆ MAIESTATIS.

5. *The Common Places . . . divided into four principal parts.* [London:
    H. Denham and H. Middleton, 1583]. Folio, ca. 21:31 cm. Gatherings:
    a, A^6B^4C–T^6V^4Aa–Ss^6Vu^6Aaa–Ppp^6qqq^4AA–VV^6 AAa–NNn^6OOo^2AAaa–$ZZzz$,
    $AAAaa$–$DDDdd^6EEEee^4A$–N, Aa–Xx^6Yy*^6. STC 24669. Place, publisher
    and date of publication are given in the colophon. Pagination in the common
    places is by parts: Parts I and II are pp. 1–640; Part III is pp. 1–398;
    Part IV is pp. 1–335. There is a prefatory letter of Anthony Marten to
    Queen Elizabeth I dated May 8, 1583. There is a considerable collection
    of materials [fols. A–N, Aa–$Xx^6Yy^4*^6$; separately paginated 101–251,
    1–165 sic] added to the end of this edition after the basic *Loci Communes.*
    The arrangement of this material is unique to this edition. Most later editions
    follow the example of the Zurich, 1580, edition [entry XIII.2]. Simler's
    biography of Martyr is Pp–Qq^6R^2. Indices are Rr^3–Yy^4.

Locations: Amherst UML; Ann Arbor UML; Baltimore, Johns Hopkins UL; British
L; Cambridge UL; Charlottesville, U. of Virginia L; Chicago UCL, Newberry;
Durham, Duke; Edinburgh UL; Florence BNC; Folger; Gainesville, U. of Florida
UL; Geneva BPU; Harvard; Harvard-Houghton; Ithaca, Cornell UL; London, Dr.
Williams's; Londonderry, Diocesan Library; New York, PL, General Theological,
Union Theological; Oxford, Bodleian, Corpus Christi, Exeter, New College, St.
Edmund Hall, Wadham; Philadelphia, Lutheran Theological Seminary, Westminster
Theological Seminary; St. Louis, Eden Seminary, StLUL; San Marino, Calif.,
Huntington; Stanford; Urbana UIL; Williamstown, Williams CL.

C. 16.37

THE
Common Places
of the moſt famous and
renowmed Diuine Doctor
PETER MARTYR, diuided
into foure principall parts : with
a large addition of manie theó-
logicall and neceſſarie diſ-
courſes, ſome neuer
extant before.

Tranſlated and partlie gathered by
Anthonie Marten, one of the
Sewers of hir Maieſties
moſt Honourable
Chamber.

Meliora ſpero.

In the end of the booke are annexed two tables of
all the notable matters therein conteined.

1. Cor.3,11.
Other foundation can no man lay, than
Chriſt Ieſus, which is al-
readie laid.

6. *Loci Communes* . . . *ex variis ipsius scriptis, in unum librum collecti, et in quatuor Classes distributi.* Zurich: C. Froschauer, 1587. Folio, ca. 22:34 cm. Pp. 1147. Gatherings: a–d⁴A–Z, Aa–Zz, Aaa–Zzz, Aaaa–Zzzz, Aaaaa–Ggggg⁶Hhhhh⁴.

Locations: Basel UB; Berlin, Deutsche Staatsbibliothek DDR; Budapest, National Library; Cambridge UL, Sidney, St. John's; Coburg LB; Debrecen, Reformed Church Library; Dublin, Trinity; Kraków, Bib. Jag.; Neuburg a. d. Donau SB; Oxford, Bodleian, Trinity; Strasbourg BNU; Wolfenbüttel HAB; Zurich ZB.

LOCI COMMVNES

D·PETRI MAR-
TYRIS VERMILII FLO-

RENTINI, SACRARVM LITERARVM
in Schola Tigurina Profefforis: ex varijs ipfius authoris fcriptis, in vnum librum collecti, & in quatuor
Claffes diftributi.

Quam multa ad priorem editionem accefferint, ex admonitione quam
prima pagina exhibebit, facilè Lector deprehendet.

Omnis Scriba doctus ad regnum cœlorum, fimilis eft homini
patrifamiliâs, qui profert ex thefauro fuo noua
& uetera, Matth. 13.

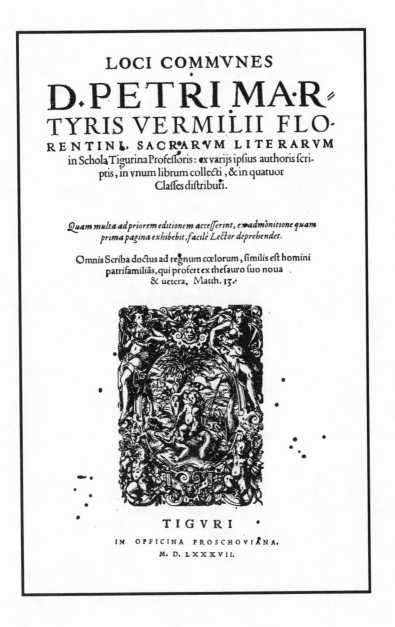

TIGVRI

IN OFFICINA FROSCHOVIANA,
M. D. LXXXVII.

7. *Loci Communes* . . . *ex variis ipsius scriptis, in unum librum collecti, et in quatuor Classes distributi.* Heidelberg: J. Lancellot, 1603. Folio, ca. 20:31.5 cm. Pp. 1147. Gatherings: a–d⁶A–Z, Aa–Zz, Aaa–Zzz, Aaaa–Zzzz, Aaaaa–Hhhhh⁶. Preceding the prefatory letter of Robert Masson to Anthony Cooke is a preface by Rudolf Gualther on the use and utility of the *Loci Communes,* which singles Martyr for praise alongside of Beza, Calvin, Musculus and Melanchthon. This edition, which follows entry XIII.6 in format, contains Simler's *Vita,* Martyr's Strasbourg theses, a collection of his letters, some of his opuscula, and indices "rerum et verborum" and of scripture citations.

Locations: Berlin, Deutsche Staatsbibliothek DDR; Cambridge UL; Debrecen, Reformed Church Library; Edinburgh, New College L; Frauenfeld TKB; Munich BSB; Paris BN, St. Geneviève; Vienna ONB; Zurich ZB.

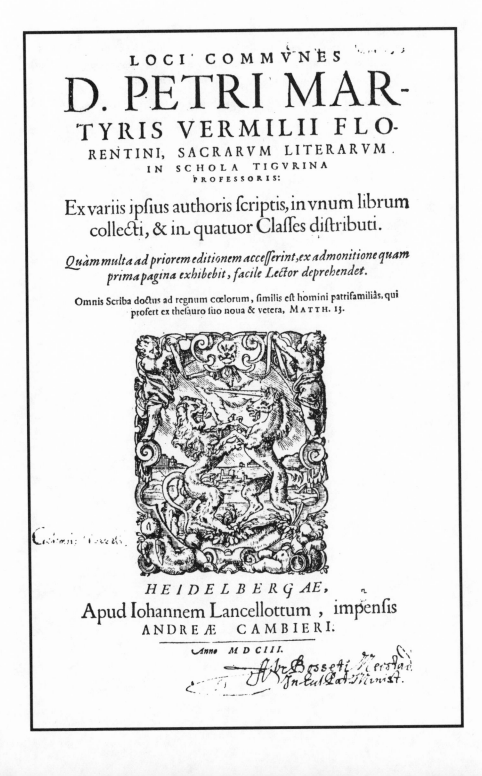

LOCI COMMVNES

D. PETRI MAR-
TYRIS VERMILII FLO-
RENTINI, SACRARVM LITERARVM.
IN SCHOLA TIGVRINA
PROFESSORIS:

Ex variis ipsius authoris scriptis, in vnum librum collecti, & in quatuor Classes distributi.

Quàm multa ad priorem editionem accesserint, ex admonitione quam prima pagina exhibebit, facile Lector deprehendet.

Omnis Scriba doctus ad regnum cœlorum, similis est homini patrifamiliâs, qui profert ex thesauro suo noua & vetera, MATTH. 13.

HEIDELBERGAE,
Apud Iohannem Lancellottum , impensis
ANDREÆ CAMBIERI.

Anno MDCIII.

8. *Loci Communes . . . ex variis ipsius scriptis, in unum librum collecti, et in quatuor Classes distributi.* Heidelberg: J. Lancellot, 1613. Folio. Pp. 1147. Gatherings: a–d, A–Z, Aa–Zz, Aaa–Zzz, Aaaa–Zzzz, Aaaaa–Ggggg[6]Hhhhh[4]. This edition is modelled on the two previous entries.

Locations: Budapest UL; Oxford, Pembroke; Strasbourg BNU; Wrocław, Univ. Bib.

LOCI COMMVNES
D. PETRI MAR-
TYRIS VERMILII FLO-
RENTINI SACRARVM LITE-
RARUM JN SCHOLA TIGURINÆ
PROFESSORIS:

Ex variis ipſius authoris ſcriptis, in unum librum
collecti, & in quatuor Claſſes diſtributi.

*Quàm multa ad priorem editionem acceſſerint, ex admonitione quam
prima pagina exhibebit, facile Lector deprehendet.*

Omnis Scriba doctus ad regnum cœlorum, ſimilis eſt homini patrifamiliâs, qui
profert ex theſauro ſuo nova & vetera, MATTH. 13.

HEIDELBERGÆ,
Apud Iohannem Lancellottum, impenſis
ANDREÆ CAMBIERI.
Anno cIɔ Iɔ CXIII.

9. *Loci Communes . . . ex variis ipsius auctoris scriptis, in unum librum collecti, et in quatuor Classes distributi.* Heidelberg: Sumptibus Danielis et Davidis Aubriorum et Clementis Schleichii, 1622. Folio, ca. 20:32 cm. Pp. 908. Gatherings: a–d, A–Z, Aa–Zz, Aaa–Zzz, Aaaa–Ffff⁶Gggg⁴Hhhh–Llll⁶. The front material [fols. a²–d⁶] contains the letters of Gualther and Masson, Simler's *Vita,* and the poems in honor of Martyr. The end matter [fols. Hhhh–Llll⁵ᵛ] contains indices "rerum et verborum" and of scripture citations. This edition prints a short epitome of Martyr's *Defensio* against Gardiner ("nondum antehac excusa"), pp. 693–696, and the Strasbourg theses, pp. 789–817. The edition is in double columns of fine print.

Locations: Brunswick, Bowdoin; Chicago UCL; Dublin, Trinity; Edinburgh, New College L; Harvard; Maldon, Plume; Marburg UB; Oxford, Jesus, Queen's; Yale-Divinity.

LOCI COMMVNES

D.PETRI MAR-
TYRIS VERMILII FLOREN-

TINI SACRARVM LITERARVM
IN SCHOLA TIGVRINA PROFESSORIS
quondam celeberrimi:

EX VARIIS IPSIVS AVCTORIS SCRIPTIS IN vnum Volumen collecti, & in quatuor Classes iuxta veram Methodum distributi.

Quibus appendicis loco adiiciuntur Loci quidam peculiariter ab Auctore traditi: Item Theses, Orationes, Epistolæ de variis rebus Theologicis scriptæ: nec non tres Confessiones de S. Cœna, quarum duæ olim amplissimo Senatui Argentinensi exhibitæ fuerunt.

Facta hac collatio omnium, quotquot haberi poterant, editionum: allegata Scriptura & Patrum illa a peculiari literarum forma distincta: menda typographica quam diligentissime sublata: postremum index quadrigeminus, Auctorum scilicet, Titulorum, Locorum Scripturæ, Rerum denique ac verborum copiosissimus adiectus.

Omnis scriba doctus ad regnum cœlorum, similis est homini patrifamiliàs, qui profert ex thesauro suo noua & vetera: *Matth. 13.*

HEIDELBERGÆ,

Sumptibus Danielis & Dauidis Aubriorum, & Clementis Schleichij, Bibliopolarum Francofurtensium.

ANNO CHRISTI M. DC. XXII.

10. *Loci . . . Communes ex variis ipsius authoris scriptis, in unum librum collecti, et in quatuor Classes distributi.* Geneva: Pierre Aubert, 1623. Folio, ca. 21:33 cm. Pp. 805. Gatherings: a–c, A–Z, AA–FF⁶ GG⁸ HH–ZZ, AAA–YYY⁶ZZZ⁸. In the copy examined at Cambridge University Library the gathering GG⁸ is badly scrambled; it is paginated 358, 359, 360, 361, 362, 359, 360, 365 and signed GG, GG², GG³, GG⁴, blank, GG⁵, ✳✳✳ , GG⁶, blank; despite this the sense and the catch words flow correctly. This edition, printed in double columns, contains the usual prefatory material. At the end there are the Strasbourg theses and an unusual set of indices: scripture index [XXX⁴ᵛ–ZZZ¹], an index "rerum et verborum" [ZZZ¹ᵛ –ZZZ⁷ᵛ], an index "veterum theologorum" [ZZZ⁷ʳᵛ], and a list of 100 common places explained in the text [ZZZ⁷ᵛ–ZZZ⁸ᵛ].

Locations: Cambridge UL; Dublin, Trinity; Edinburgh, New College L; London, Dr. Williams's; Rome BNC; Urbana UIL.

Loci Communes

PETRI MARTYRIS

VERMILII FLORENTINI,
SACRARVM LITERARVM
IN SCHOLA TIGVRINA PROFESSORIS
CELEBERRIMI:

EX VARIIS IPSIVS AVTHORIS SCRIPTIS,
in vnum librum collecti, & in quatuor Classes distributi.

Huic postremæ omnium EDITIONI, ex accurata cujusdam Theologi prælectione, emendatissimæ, ingens ejusdem D. P. MARTYRIS lucubrationum accessio facta est : *Locis* aliquot *Communibus*, qui hactenùs desiderabantur, additis: sic vt ad absolutos jam Locos Communes nil ampliùs desiderari possit: Adjectis præterea *Thesibus* nonnullis, *Quæstionibus*, *Responsis*, *Orationibus*, seu *Concionibus variis*: Tandem collectis & collatis vndíque ejusdem auctoris maximi momenti *Epistolis*, ac *Indicibus* pernecessariis.

Omnis Scriba doctus ad regnum cælorum, similis est homini patrifamiliás, qui profert ex
thesauro suo nova & vetera, MATTH. C. 13. V. 52.

GENEVÆ,
Apud Petrum Aubertum.
M. DC. XXIII.

11. *Loci Communes . . . ex variis ipsius authoris scriptis, in unum librum collecti, et in quatuor Classes distributi.* Geneva: Pierre Aubert, 1624. Folio, ca. 21:32:5 cm. Pp. 805. Gatherings: a–c, A–Z, AA–FF⁶GG⁸HH–ZZ, AAA–YYY⁶ZZZ⁸. This edition, which is modelled on the previous one, entry XIII.10, is printed in double columns and has the same front matter and indices.

Locations: Berlin, Deutsche Staatsbibliothek DDR; Cambridge UL; Chicago, Newberry; Geneva BPU; Lausanne, Bibliothèque des Pasteurs; Oxford, Oriel, Queen's; Paris BN; Sárospatak, Reformed Church Library; Zurich ZB.

+ Edinburgh, New Coll. Lib. — 2 copies

Loci Communes

PETRI MARTYRIS

VERMILII FLORENTINI

SACRARVM LITERARVM

IN SCHOLA TIGVRINA PROFESSORIS

CELEBERRIMI:

EX VARIIS IPSIVS AVTHORIS SCRIPTIS,
in vnum librum collecti, & in quatuor Classes distributi.

Huic postremæ omnium EDITIONI, ex accurata Magni cujusdam viri prælectione, emendatissimæ, ingens ejusdem D. P. MARTYRIS lucubrationum accessio facta est : *Locis* aliquot *Communibus,* qui hactenùs desiderabantur, additis: sic vt ad absolutos jam Locos Communes nil ampliùs desiderari possit: Adjectis præterea *Thesibus* nonnullis, *Quæstionibus, Re-*
sponsis, Orationibus, seu *Concionibus variis:* Tandem collectis & collatis vndíque ejusdem auctoris maximi momenti *Epistolis,* ac *Indicibus* pernecessariis.

Omnis Scriba doctus ad regnum cælorum, similis est homini patrifamiliás, qui profert ex
thesauro suo nova & vetera, MATTH. C.13.V.52.

GENEVÆ,

Apud Petrum Aubertum.

M. DC. XXIV.

12. *Loci Communes . . . ex variis ipsius authoris scriptis, in unum librum collecti, et in quatuor Classes distributi.* Geneva: Pierre Aubert, 1626. Folio, ca. 20:32.5 cm. Pp. 805. Gatherings: a–c, A–Z, AA–FF^{6}GG^{8}HH–ZZ, AAA–YYY^{6}ZZZ^8. This edition is modelled after the two previous ones and has the same contents.

Locations: Leeuwarden PBF; Library of Congress; Oxford, Exeter; Paris BSHPF; Sárospatak, Reformed Church Library; Washington, Catholic UL; Zurich ZB.

LOCI COMMVNES
PETRI MARTYRIS
VERMILII FLORENTINI
THEOLOGI CELEBERRIMI:

EX VARIIS IPSIVS AVTHORIS SCRIPTIS,
in vnum librum collecti, & in quatuor Classes distributi.

HVIC POSTREMÆ EDITIONI, EX ACCVRATA MAGNI
cujusdam viri prælectione, omnium emendatissimæ, ingens eiusdem M P. MARTYRIS
lucubrationum accessio facta est: LOCIS aliquot COMMVNIBVS, qui hactenus desiderabantur, additis: sic vt ad absolutos iam Locos Communes nil amplius desiderari possit:

Adiectis præterea THESIBVS nonnullis, QVAESTIONIBVS, RESPONSIS, ORATIO-
NIBVS, seu CONCIONIBVS VARIIS: tandem collectis & collatis vndique eius-
dem auctoris maximi momenti EPISTOLIS, ac INDI-
CIBVS pernecessariis.

QVID HAC EDITIONE ACCESSERIT, TRIPLICI
cruce ††† adnotatum reperies.

GENEVAE,
Sumptibus & Typis PETRI AVBERTI Reipublicæ
& Academiæ Typographi.

M. DC. XXVI.
Superiorum permissu & priuilegio.

13. *Loci Communes . . . ex variis ipsius authoris scriptis, in unum librum collecti, et in quatuor Classes distributi.* Geneva: Pierre Aubert, 1627. Folio, ca. 21:33 cm. Pp. 805. Gatherings: a–c, A–Z, AA–FF⁶GG⁸HH–ZZ, AAA–YYY⁶ZZZ⁸. This edition is modelled on the three previous ones and has the same contents.

Locations: Cambridge UL; Edinburgh, New College L; Geneva BPU; Göttingen UB.

2 copies

LOCI COMMVNES
PETRI MARTYRIS
VERMILII FLORENTINI
THEOLOGI CELEBERRIMI

EX VARIIS IPSIVS AVTHORIS SCRIPTIS,
in vnum librum collecti, & in quatuor Classes distributi.

HVIC POSTREMÆ EDITIONI, EX ACCVRATA MAGNI
cujusdam viri prælectione, omnium emendatissimæ, ingens eiusdem M. P. Martyris
lucubrationum accessio facta est: Locis aliquot Commvnibvs, qui hactenùs desiderabantur, additis: sic vt ad absolutos iam Locos Communes nil amplius desiderari possit:

Adiectis præterea THESIBVS nonnullis, QVAESTIONIBVS, RESPONSIS, ORATIO-
NIBVS, seu CONCIONIBVS VARIIS: tandem collectis & collatis vndique eius-
dem auctoris maximi momenti EPISTOLIS, ac INDI-
CIBVS pernecessariis.

QVID HAC EDITIONE ACCESSERIT, TRIPLICI
cruce † † † adnotatum repetics.

GENEVAE,
Sumptibus & Typis PETRI AVBERTI Reipublicæ
& Academiæ Typographi.

M. DC. XXVII.

Superiorum permissu & priuilegio.

14. *Loci Communes . . . ex variis ipsius authoris scriptis in unum Volumen collecti,
& in quatuor Classes iuxta veram Methodum distributi.* Amsterdam and
Frankfurt: Johann à Ravesteyn, 1656. Folio, ca. 20:32 cm. Pp. 907.
Gatherings: a–d, A–Z, Aa–Zz, Aa–Zzz, Aaaa–Llll^6. This edition is printed
in double columns. The prefatory material is a^2–d^3; the basic text, Martyr's
correspondence and supplementary materials are d^4–Gggg^6; Hhhh^1–Llll^{6v}
are indices.

Locations: British L; Kraków, Bib. Jag.; Urbana UIL.

LOCI COMMUNES
D. PETRI MARTYRIS
VERMILII FLORENTINI SA-
CRARUM LITERARUM IN SCHO-
LA TIGURINA PROFESSORIS
quondam celeberrimi :

EX VARIIS IPSIVS AVCTORIS SCRIP-
tis in vnum Volumen collecti, & in quatuor Classes iuxta veram Me-
thodum distributi.

Quibus appendicis loco adiiciuntur Loci quidam peculiariter ab
Auctore traditi : Item Theses , Orationes , Epiftolæ de variis rebus Theologicis
scriptæ : nec non tres Confeffiones de S. Cœna , quarum duæ
olim ampliffimo Senatui Argentinenfi ex-
hibitæ fuerunt.

Facta hic eft collatio omnium, quotquot haberi poterant , editionum : allegata Scripturæ & Patrum dicta peculiari
literarum forma diftincta : mendæ typographicæ quam diligentifsime fublatæ : poftremum index quadrige-
minus , Auctorum fcilicet , Titulorum , Locorum Scripturæ , rerum denique ac
verborum copiofifsimus adiectus.

Omnis fcriba doctus ad regnum cœlorum , fimilis eft homini patrifamilias , qui profert ex
thefauro fuo noua & vetera : *Matth.*13.

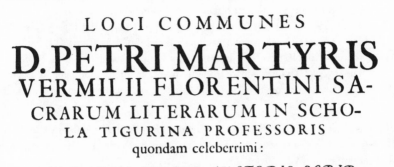

Proftant Amfteladami & Francofurti
Apud JOANNEM à RAVESTEYN Bibliopolam. 1656.

XIV. THE COMMENTARY ON LAMENTATIONS

1. *In Lamentationes Sanctissimi Ieremiae Prophetae Commentarium.* . . . Zurich:
    Jacob Bodmer, 1629. 4°, ca. 14:19 cm. Pp. 144. Gatherings: ***⁴**⁴A–T⁴.
    The front matter contains a prefatory letter dated February 20, 1629, from
    Johann Rudolf Stuckius of Zurich to John Prideaux, Regius Professor of
    Theology at Oxford and of Johann Jakob Irminger, minister at Zurich, to
    Stuckius, plus a poem on Martyr by Irminger and another poem on Lamentations
    by Johann Wirtz.

Locations: Basel UB; Bern SB; British L; Edinburgh SNL; Heidelberg UB; Lucerne
ZB; Neuchâtel, Bibliothèque des Pasteurs; Oxford, Bodleian, Exeter; Winterthur
SB; Wolfenbüttel HAB; Zurich ZB.

1

In Lamentationes

SANCTISSIMI

IEREMIAE PROPHETAE,

D. PETRI MARTYRIS

VERMILII, FLORENTINI,

SACRARUM LITERARUM
quondam in Schola Tigurina
Professoris,

COMMENTARIVM.

HOC DEMVM LAMENTABILI ET
lugubri tempore, ex autographo collectum, cor-
rectum, & in lucem editum,

CUM NOTIS ET INDICE.

Matth.24.
Videte ne turbemini: oportet enim omnia fieri.

PART B: MINOR WORKS

XV. EXPLANATION OF THE APOSTLES' CREED

1. *Una Semplice Dichiaratione sopra gli XII Articoli della Fede Christiana.* Basel: [Johan Hervagius], February 1544. 4°, ca. 11.5:18 cm. Gatherings: a–z⁴. Pp. 181.

Locations: Augsburg SB; British L; Cambridge UL, Caius, Trinity; Florence BNC; Geneva BPU; Munich BSB; Tübingen UB; Vienna ONB.

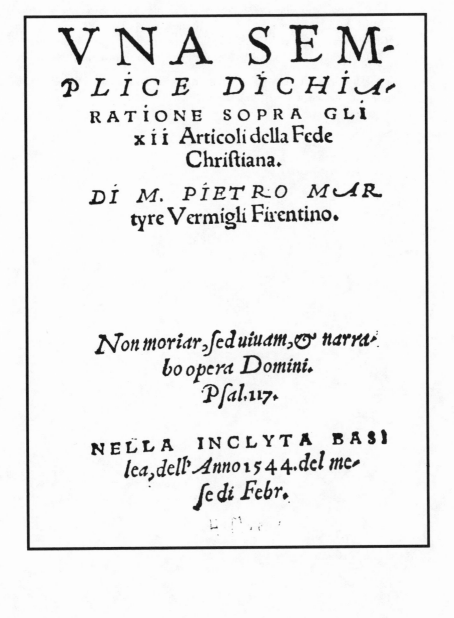

VNA SEM-
PLICE DICHIA-
RATIONE SOPRA GLI
xii Articoli della Fede
Christiana.

DI M. PIETRO MAR
tyre Vermigli Firentino.

Non moriar, sed uiuam, & narra-
bo opera Domini.
Psal. 117.

NELLA INCLYTA BASI
lea, dell' Anno 1544. del me-
se di Febr.

2. *A Briefe and most excellent exposition of the xii articles of our fayth, commonly
    called the apostles creede.* London: H. Jackson, [1578]. 8°, ca. 9:14 cm.
    Gatherings: A–Q^8, R^4. STC 24663. These are the letters to the Christian
    reader by T.E. (A^{3-4r}) and by Vermigli (A^{5-7v}). The text runs fols. B^1–R^3.

Locations: Edinburgh UL; Leeds UL; Oxford, All Souls, Bodleian, Christ Church,
St. John's; San Marino, Calif., Huntington.

A briefe and most excel-
lent *Exposition*, `of the .xij.`
Articles of our Fayth, commonly called
the Apostles Creede : Wherein as well
playnely, for the capacitie of the symple,
as pithyly for the satisfying of the
learned, are handled the principall poyntes of Chris-
stian relygion.

WRITTEN FIRST IN ITA-
lian, by the Famous learned man D.
Peter Martyr Vermilius, and
ately translated into Eng-
lishe, by T.E.

NON moriar sed viuam & narrabo
opera Domini.

I wyll not dye, but lyue, and declare the workes
of the Lorde. Psal. 118. 17.

¶ *Imprinted at London*, in
Fleetestreate, beneath the Conduite, at
the Signe of S. Iohn Euange-
list, by H. Iackson.

3. *Il Credo di P. M. Vermigli*. Rome/Florence: Claudiana, 1883. 4º, ca. 12:18 cm. In *Bibliotheca della Riforma Italiana*, V.III.

Locations: Geneva BPU; Heidelberg UB; Rome BNC; Tübingen UB.

BIBLIOTECA

DELLA

RIFORMA ITALIANA

RACCOLTA DI SCRITTI EVANGELICI DEL SECOLO XVI.

Volume Terzo

IL CREDO DI P. M. VERMIGLI

ED IL

CATECHISMO DI EIDELBERGA

ROMA | FIRENZE
60, VIA DELLA SCROFA | 15, VIA DE' PANZANI
Firenze, Tip. Claudiana, Via Maffia 33.
1883.

B f 1081

XVI.   *An Epistle unto the right honorable . . . duke of Somerset. . . .* [London: N. Hill], 1550. 8°, ca. 8.5:13.4 cm. Gatherings: A–B⁸, C⁴. STC 24666. This was translated by Thomas Norton and printed for Gaulter Lynne.

Locations: British L; Folger; Harvard; London, Lambeth; Manchester, John Rylands; Oxford, Balliol, Bodleian; Urbana UIL.

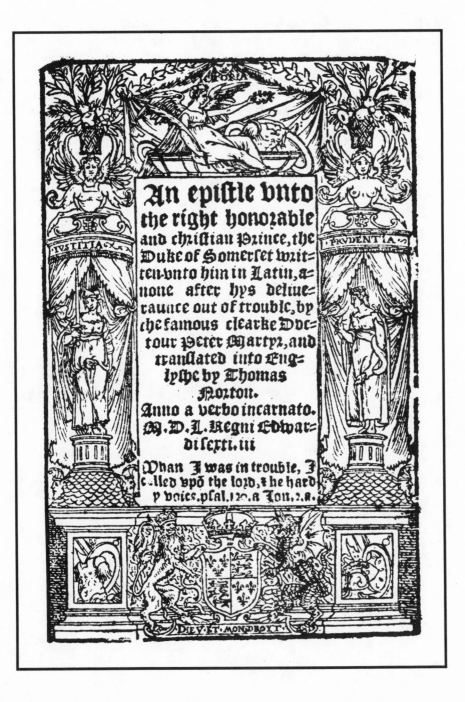

An epistle vnto
the right honorable
and christian Prince, the
Duke of Somerset writ=
ten vnto him in Latin, a=
none after hys deliue=
raunce out of trouble, by
the famous clearke Doc=
tour Peter Martyr, and
translated into Eng=
lyshe by Thomas
Norton.
Anno a verbo incarnato.
M.D.L. Regni Edwar=
di septi. iii

Whan I was in trouble, I
called vpon the lord, & he hard
y voice. psal. 120. a Ion. 2. a.

XVII.   *A Treatise of the cohabitacyon of the faithfull with the unfaithfull.* [Strasbourg: W. Rihel, 1555]. 8 o . STC 24673.5. This translation, probably by Thomas Becon, also prints a sermon on confessing Christ by H. Bullinger (I^{2r}–L^{6v}).

Locations: British L; Cambridge UL; Folger; Manchester, John Rylands; Oxford, Bodleian, Christ Church; Philadelphia, Library Company; San Marino, Calif., Huntington.

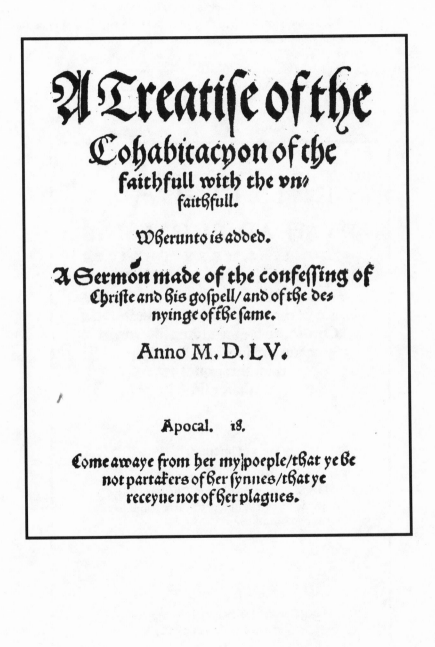

A Treatise of the
Cohabitacyon of the
faithfull with the vn-
faithfull.

Wherunto is added.

A Sermon made of the confessing of
Christe and his gospell/ and of the de-
nyinge of the same.

Anno M.D.LV.

Apocal. 18.

Come awaye from her my poeple/ that ye be
not partakers of her synnes/ that ye
receyue not of her plagues.

XVIII.   *Epistolae Duae, ad Ecclesias Polonicas, Iesu Christi . . . de negotio Stancariano. . . .* Zurich: C. Froschauer, March, 1561. 8°, ca. 10:17 cm. Pp. 53. Gatherings: A–C⁸, D⁴. Both letters are signed by the pastors, preachers, professors, and ministers of the Zurich church. The first letter (May 27, 1560) is addressed to Felix Cruciger and all the ministers in Poland and Russia; it runs pp. 1–10. The second letter (March, 1561) is addressed to the Polish nobility.

Locations: Geneva BPU; Warsaw, Univ. Lib..

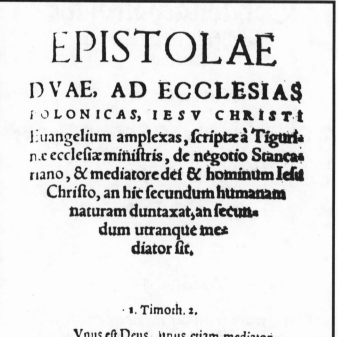

EPISTOLAE

DVAE, AD ECCLESIAS
POLONICAS, IESV CHRISTI
Euangelium amplexas, scriptæ à Tigurinæ ecclesiæ ministris, de negotio Stancariano, & mediatore dei & hominum Iesu
Christo, an hic secundum humanam
naturam duntaxat, an secundum utranque me-
diator sit.

· 1. Timoth. 2.

Vnus est Deus, unus etiam mediator
Dei & hominum, homo Christus Iesus,
qui dedit semetipsum precium redemptio-
nis pro omnibus.

TIGVRI

Apud Christophorum Froschouerum, Mense
Martio, Anno domini 1561.

XIX.　*Epistre escritte par P. Martir avant son decez, à un sien amy grand seigneur, Traduitte de Latin en françois.* No place or publisher, 1565. 8°, ca. 9:16 cm. Gatherings: A–B⁶. The last two pages are blank.

Locations: Bern SB; Geneva BPU; Paris BN.

XX.   1. *Trattato della vera chiesa catholica, et della necessitá di viver in essa.*
[Geneva]: no publisher, 1573. 16°. Gatherings: A–I^8. A$^{1'}$ contains two
sonnets in Italian. A$^{2-4}$ prints a letter "to the brothers in the Lord
exiled for the holy Gospel." The text runs pp. 8–144.

Locations: Florence BNC; Leiden UB. [As this book was going to press, discovery
was made of a French translation of this work published in Geneva in 1646, with
examples extant in British L. and Geneva, MHR. Time did not permit securing a
photograph of the title page and further information.]

    2. *Trattato della vera chiesa cattolica.* Rome/Florence: Claudiana, 1884. 4°.
Pp. 73–162.

Locations: Baltimore, Peabody Institute; Basel UB; Bern SB; Folger.

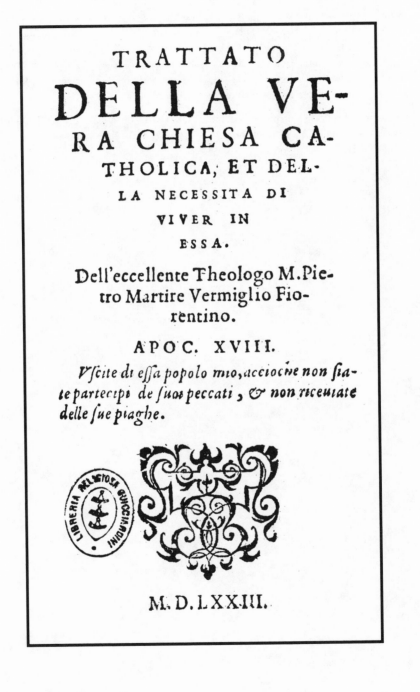

TRATTATO
DELLA VE-
RA CHIESA CA-
THOLICA, ET DEL-
LA NECESSITA DI
VIVER IN
ESSA.

Dell'eccellente Theologo M. Pietro Martire Vermiglio Fiorentino.

APOC. XVIII.

*Vscite di essa popolo mio, acciocne non sia-
te participi de suos peccati, & non riceuiate
delle sue piaghe.*

M. D. LXXIII.

XXI.   *Epistre . . . a quelques fideles touchant leur abiuration & renoncement de la verité.* No place or publisher, 1574, probably published in Geneva. 8°, ca. 9:13.5 cm. Gatherings: A–R^8. This work also contains a remonstrance by Simon Goulart against those who abjured after the St. Bartholomew's Day massacre, a discourse against persecutors and apostates and a sermon by St. Cyprian.

Locations: Berlin, Deutsche Staatsbibliothek DDR; Bern SB; British L; Geneva BPU; Lausanne BCV, Bibliothèque des Pasteurs; Paris BN; Wrocław, Univ. Bib.; Urbana UIL.

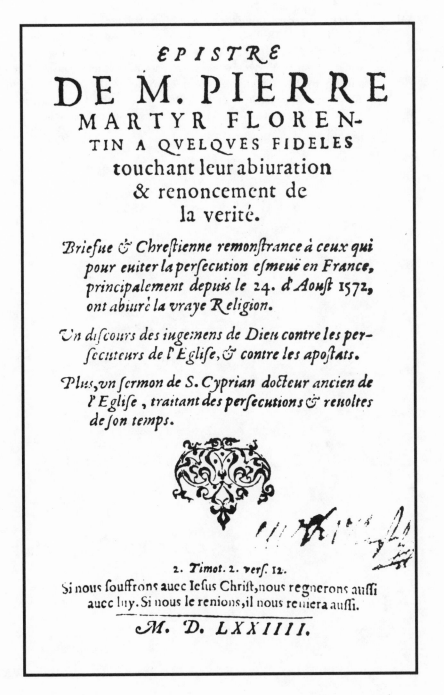

EPISTRE

DE M. PIERRE

MARTYR FLOREN-
TIN A QVELQVES FIDELES
touchant leur abiuration
& renoncement de
la verité.

Briefue & Chrestienne remonstrance à ceux qui
pour euiter la persecution esmeuë en France,
principalement depuis le 24. d'Aoust 1572,
ont abiuré la vraye Religion.

Vn discours des iugemens de Dieu contre les per-
secuteurs de l'Eglise, & contre les apostats.

Plus, vn sermon de S. Cyprian docteur ancien de
l'Eglise, traitant des persecutions & reuoltes
de son temps.

2. *Timot.* 2. *vers.* 12.
Si nous souffrons auec Iesus Christ, nous regnerons aussi
auec luy. Si nous le renions, il nous reniera aussi.

M. D. LXXIIII.

XXII.   *A briefe treatise, concerning the use and abuse of Dauncing.* . . . London: John Jugge, [1580]. 8°, ca. 9:13.5 cm. Unpaginated. Gatherings: A–C^8, D^4. STC 24664. The title page indicates that this treatise was collected out of Martyr's works by Robert Masson and translated into English by I.K. There are two prefatory letters by Masson (A^2) to Alexander Nowell, Dean of St. Paul's, and to the Christian reader (A^3–C^3). The text from Martyr runs C^4–D^{3v}, with the last folio blank.

Locations: British L; Oxford, Bodleian.

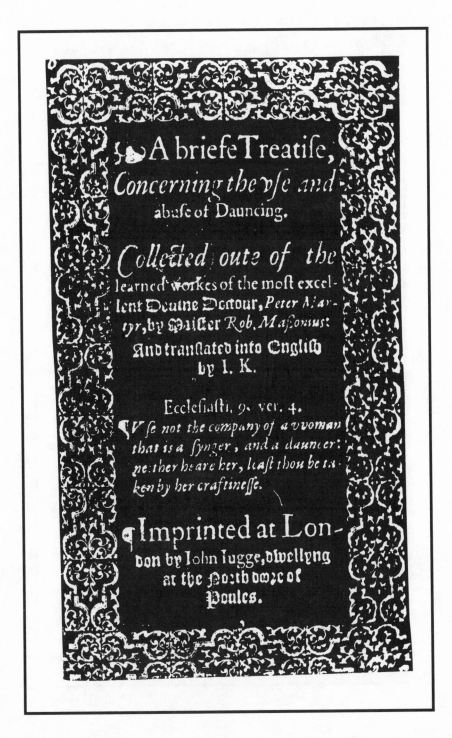

XXIII. LETTER TO THE FAITHFUL AT LUCCA

1. *Sendbrieff . . . an seine Evangelische Brüder Statt Luca.* . . . (Trans. Johann
    Blassius). No place or publisher, 1624. 4°, ca. 15:19 cm. Gatherings:
    A–C⁴, D². The text is pp. 1–25. The front material prints a Latin poem
    and a letter to the reader from Johann Blassius.

Locations: Zurich ZB.

2.　*Defectionis Causa et Remedium.* Psanj w němž se wüpisuge. . . . [Prague],
　　1627. 12°, ca. 12:8 cm. Gatherings: A-B^{12}, C^6. Fol. 30. The identification
　　of this with entry XXIII.1 is tentative since the work was not examined.

Locations: Prague, State Library [SK ČSR: 54 G 9195].

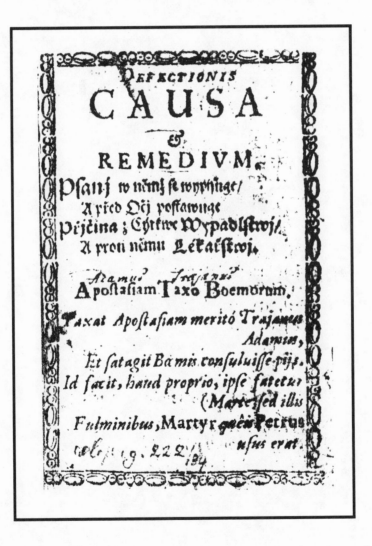

XXIV. *An Unpublished Letter of . . . to Henry Bullinger.* (Edited by William Goode). London: J. Hatchard and Son, 1850. 8°. This short letter, dated June 14, 1552, from Oxford deals with the nature of sacramental offerings; it was omitted in the *Zurich Letters.*

Locations: British L; Oxford, All Souls; Yale.

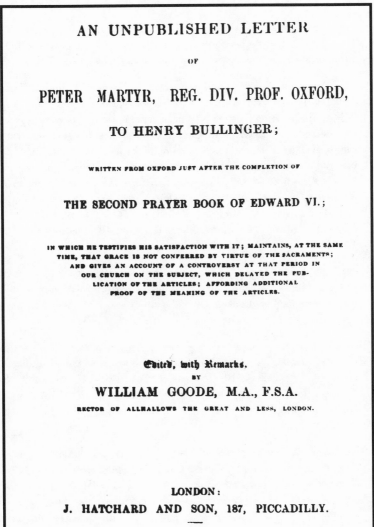

AN UNPUBLISHED LETTER

OF

PETER MARTYR, REG. DIV. PROF. OXFORD,

TO HENRY BULLINGER;

WRITTEN FROM OXFORD JUST AFTER THE COMPLETION OF

THE SECOND PRAYER BOOK OF EDWARD VI.;

IN WHICH HE TESTIFIES HIS SATISFACTION WITH IT; MAINTAINS, AT THE SAME
TIME, THAT GRACE IS NOT CONFERRED BY VIRTUE OF THE SACRAMENTS;
AND GIVES AN ACCOUNT OF A CONTROVERSY AT THAT PERIOD IN
OUR CHURCH ON THE SUBJECT, WHICH DELAYED THE PUB-
LICATION OF THE ARTICLES; AFFORDING ADDITIONAL
PROOF OF THE MEANING OF THE ARTICLES.

Edited, with Remarks.

BY

WILLIAM GOODE, M.A., F.S.A.

RECTOR OF ALLHALLOWS THE GREAT AND LESS, LONDON.

LONDON:

J. HATCHARD AND SON, 187, PICCADILLY.

1850.

Price One Shilling.

PART C: PARTIAL WORKS AND VERMIGLI EXTRACTS

A list of all modern works which contain extracts, letters or quotations from Vermigli's writings would be beyond the scope of this bibliography. The following are more important older examples. Only one library location is given for each.

Anon. *A briefe examination for the tyme.* . . . [London: R. Jugge, 1566]. 4°. STC 10387. Gatherings: *, **, ***, ****, *****, ******,[4] A-D⁴. Los Angeles, UCLA. This reprints statements from Bucer and Martyr on wearing vestments and defends the Established Church against the objections to vestments raised by Puritan ministers. This pamphlet, which was either written by or inspired by Archbishop Matthew Parker and directed against the puritan Robert Crowley's *A briefe discourse against the outwarde apparell and ministering garments of the popish church,* reprints statements from Bucer and Martyr, etc. . . . Crowley replied in STC 10388. Cf. J. W. Martin, *Religious Radicals in Tudor England* (London: Hambledon Press, 1989), 160-161.

Anon. *Certayne sermons or homilies.* . . . London: R. Jugge, 1563, 4°. British Library. Elizabethan and Stuart editions of the Book of Homilies generally contain a sermon on drunkenness and gluttony, much of which is a translation from Martyr's commentary on Judges. Cf. STC 13651-13678.

Anon. *Ein ware historia von leben / sterben / begrebnuss . . . Martini Buceri und Pauli Fagii.* . . . [Strasbourg: P. Messerschmidt, 1557]. 4°, ca. 12:18 cm. Gatherings: A-Z, Aa-Hh⁴Ii⁶. British L. Fols. 120ᵛ-126 deal with Catherine Vermigli; fols. 118ᵛ-120 print Martyr's letter (April 22, 1553) to Conrad Hubert on Bucer's death. A Latin translation was published at Strasbourg in 1562.

Anon. *Épistre de maistre Pierre Martyr, . . . escrite par l'advis des pasteurs et docteurs de l'Église angloyse persécutée pour la pure profession de l'Évangile de Christ et refugiée à Franckfort sur le Mayn, sur quelque different survenu entre elle touchant le baptesme des enfans administré par ceux qui se disent luthériens, ensemble deux épistres de M. Jean Calvin escrites aux ministres de l'Église françoyse et flamande à Franckfort, lorsqu'on leur avoit interdit l'exercise de la pure religion.* No place or publisher, 1607. 8°. Pp. 42. Paris BN.

Anon. *Nothwendige Erinnerung wie auch Warhafftiger Bericht wider die in nachstem Reichstag zu Regenspurg . . . heidelbergischen Theologen.* . . . Frankfurt a M: Johann Spies, 1595. 4°, ca. 13:17 cm. Gatherings: A-L⁴, M². Wolfenbüttel HAB. This is a composite work by several Lutheran theologians which quotes Zwingli and Martyr to prove their opposition to the Augsburg Confession.

Anon. *Panoplia Christiana seu adversus varias tentationes . . . remedia.* [Geneva]: E. Vignon, 1588. 8°, ca. 11:18 cm. Pp. 616. Gatherings: $*^4-*^8$ a-z, Aa-Pp^8 Qq^4. Wolfenbüttel HAB. Pp. 356-387 are extracts from Martyr.

Anon. *Waerachtighe Beschrijvinghe . . . Disputatie Ghehouden tot Poissi in den Jare 1561.* . . . Delft: Adriaen Gerritz, 1610. 8°. Pp. 92. Zuidlaren: private copy of K. van Duinen. P. 84 gives Martyr's speech at Poissy.

Anon. *Whether it be a mortall sinne to transgresse civil lawes.* . . . [London: R. Jugge, n.d.]. 8°, ca. 8:14 cm. Gatherings: A-F^8, G^4. STC 10391.5. British L. Pp. 61-80 reprints Martyr's letter to Hooper on using vestments. There seem to have been two separate printings of this work. For background on this pamphlet, see L. Trinterud, editor, *Elizabethan Puritanism*, (New York: Oxford University Press, 1971), pp. 80-81.

J.B., *The Fortress of Fathers ernestlie defending the purity of Religion.* No place or publisher, 1566. 8°. STC 1040. British L. This Puritan pamphlet contains extracts from Martyr's commentaries on Romans, 1 Corinthians, Judges, and Kings relating to the use of vestments. The English government replied with two anonymous pamphlets which quote Martyr in support of its position. On this pamphlet see Leonard J. Trinterud, editor, *Elizabethan Puritanism* (New York: Oxford University Press, 1971), pp. 77-100.

Calvin, John. *De Vitandis superstitionibus.* Geneva: J. Girard, 1549, 1550. 4°, ca. 12:18 cm. Gatherings: a-s^4. Pp. 135. Geneva BPU. Martyr is quoted on pp. 110-111. There were French translations of this published in 1556 and 1558.

Collinges, John. *Vindiciae Ministerii evangelici.* London: R. Tomlims, 1651. 4°. British L. An anthology which prints extracts from Martyr, Calvin, and others.

Gerdes, Daniel, editor, *Scrinium Antiquarium sive Miscellanea Groningana nova ad historiam reformationis.* . . . Groningen: C. Barlinkhof, 1753. 4°. Edinburgh SNL. Tomus III, Pars II, pp. 662-678 is the first printing of six letters of Martyr to John Utenhovius and one to H. Bullinger; Gerdes found these letters in London, where they were missed when the letter collection in the *Loci* was compiled.

Gorham, George C. *Extracts from the Writings of Martyr and Bullinger on the Effects of Baptism.* London: Hatchard and Son, 1849. 4°. British L. The extract from Martyr runs pp. 11-23.

Gorham, George C. *Gleanings of a Few Scattered Ears during the Reformation in England.* London: Bell and Daldy, 1857. 4°, ca. 14:20 cm. Manchester, John Rylands. This reprints several letters from Martyr.

Jewel, John. *Apologia ecclesiae Anglicanae.* London: T. Vautrollerius, 1581. 12°. British L. There are many other editions. This one prints a prefatory letter from Vermigli to his English friend Jewel.

Justi, Pascasius. *Alea, sive de curanda in pecuniam ludendi cupiditate.* Neapoli Nemetum: H. Starckius, 1617. 4°, ca 15:19 cm. Gatherings:)(⁴,][⁴, A–Z, Aa–Ee⁴. British L. Pp. 115–124 are taken from Martyr's commentary on Judges, Ch. 14. Other editions are Basel 1561 and Amsterdam 1642.

Lavater, Ludwig. *Trois Livres des apparitions des esprits.* . . . [Geneva]: F. Perrin, 1571. 8°, ca. 10:18 cm. Gatherings: ∗∗⁸, A–T⁸. Geneva BPU. A second edition was printed at Zurich by G. des Marescz in 1581. The last part of the book contains Martyr's reply to three questions, pp. 234–304 (223–287 in the 1581 edition).

Lismanino, Francesco, editor, *Exemplum Litterarum Ecclesiae Tigurinae ad Ecclesias Polonicas.* [Pińczów: D. Łęycy, 1559]. 8°. Warsaw, National Library. This prints Martyr's first letter to the Polish churches, fols. F⁸–I³.

Sarnicki, Stanislaw, editor, *Iudicium et Censura Ecclesiarum piarum de dogmate contra adorandam Trinitatem.* [Cracow]: M. Wierzbieta, [1563]. 8°. Unique copy in the Library of Saltykow Ščcedrin, Leningrad. Martyr's second letter to the Polish churches is on fols. D⁶ʳ–E²ʳ.

Simler, Josiah. *Oratio de Vita et Obitu* . . . *Petri Martyris* . . . *Item Scripta quaedam D. Petri Martyris de Eucharistia, nunquam antehac edita.* Zurich: Froschauer, 1563. 4°, ca. 15:23 cm. Gatherings: A–N⁴. British L. The new writings are Martyr's Strasbourg and Poissy confessions, the letter published in entry XIX, and the epitome of his controversy with Stephen Gardiner.

REGISTER EPISTOLARUM VERMILII

SIGLA:

A.S.T.–Archives du Chapitre de St. Thomas de Strasbourg

Anderson–Marvin Anderson, *Peter Martyr A Reformer in Exile* (Nieuwkoop: B. De Graaf, 1975)

Archives de la Ville–Strasbourg

Ascham–*Epistolae Rogeri Aschami (1703)*

B.–Bodleian Library, Oxford

B.L.–The British Library

B.N.C.V.E.–*Biblioteca Nazionale Centrale Vittorio Emanuele II, Rome*

B.P.U.–Bibliothèque Publique et Universitaire, Geneva

B.S.H.P.F.–*Bulletin de la Sociètè de l'Histoire du Protestantisme Francais*

B. Ste. Gen.–Bibliothèque Ste. Geneviève, Paris

B.U.B.–Basel, Universitätsbibliothek

Baum–J.W. Baum, *Theodor Beza* (1843-1851)

Bern SB–Stadt- und Universitätsbibliothek Bern

Bib. Ducale–Forschungsbibliothek Gotha

Bindseil–*Philippi Melanchthonis Epistolae* (1874)

Bonnet–*Selected Works of John Calvin, Tracts and Letters* (Grand Rapids: Baker, 1983)

Brad.–*The Writings of John Bradford, M.A.* (Cambridge: Cambridge University Press, 1848-53)

Burnet–*Bishop Burnet's History of the Reformation of the Church of England* III.II (London: J.F. Dove for Richard Priestley, 1820)

Busta–Archival repository of B.N.C.V.E. above

C.C.C.C.–Corpus Christi College Cambridge

C.P. (1583)–*Common Places* (Marten translation)

C.R.–*Corpus Reformatorum: Ioannis Calvini Opera* (Brunsvigae: Schwetschke et filii, 1863-1900)

C.T.B.–*Correspondance de Theodore De Bèze*

C.U.L.–Cambridge University Library

Cardwell–Edward Cardwell, *A History of Conferences and other Proceedings connected with the revision of the Book of Common Prayer from the Year 1558 to the Year 1690* (Oxford: Oxford University Press, MDCCCXLIX)

Codex Gött. Theol.–Niedersächsische Staats- und Universitätsbibliothek Göttingen

Cran–*Miscellaneous Writings and Letters of Thomas Cranmer* (Cambridge: Cambridge University Press, 1846)

Dareste–R. Dareste, "François Hotman, sa Vie et sa Correspondance," *Revue Historique* II (1876)

De Vita Buceri et Fagii–Conrad Hubert and Sir John Cheke, *Historia Vera: de Vita M.Buceri et P. Fagii* (Argentiae: Paulus Mochropoeus, 1562)

Diacosio-Martyrion–See **White** below

Dialogus–Peter Martyr, *Dialogus de utraque in Christo Natura* (Zurich, 1561)

Dillenberger–John Dillenberger, editor. *John Calvin, Selections from His Writings* (Missoula, Mont.: Scholars Press, 1975)

E–*Epistolae Duae*, 1561–*Epistolae duae, ad Ecclesias Polonicas, Iesu Christi* (Zurich: Froschauer, 1561)

Ficker–Ficker und Winckelmann, *Handschriftenproben . . . nach Strassburger Originalen* (1905)

Fuessli–Johann Konrad Fuessli, *Epistolae ab Ecclesiae Helveticae Reformatoribus vel ad eos scriptae . . . Centuria prima* (Tiguri: Heidigger, 1742) [reprint De Graaf, 1971]

G.–G.C. Gorham, *Gleanings* (1857)

Gerdes–See **O** below

Goode.–William Goode, *An Unpublished Letter* (1850)

H.–C. Hopf, *Martin Bucer* (1946)

Her.–Herminjard, *Correspondance des Reformateurs* (1866-1897) [De Graaf reprint 1965/66]

Hessels–J.H. Hessels, *Epistulae et Tractatus cum Reformationis tum Ecclesiae Londino-Batavae Historium Illustrantes 1544-1874. Ex authographis mandante Ecclesiae Londino-Batava* (Cambridge, 1889-1897)

Hooper–*Later Writings of Bishop Hooper* (Cambridge: Cambridge University Press, M.DCC.LII)

Hott.–Hottinger, *Historiae Ecclesiasticae Novi Testamenti* (1651-1667)

Hubert–See *De Vita Buceri et Fagii* above

Huelin–Gordon Huelin, *Peter Martyr and the English Reformation* (1955, London Ph.D thesis)

Humphrey–Laurence Humphrey, *Ioannes Iuelli Angli, Episcopi Sarisburiensis vita & mors* . . . (London, John Day, 1573)

Iudicum–Peter Martyr, *In Librum Iudicum* . . . *Commentarii doctissimi* (Zurich: Froschauer, 1571)

Jewel–*The Works of John Jewel*, Vol. 4, (Cambridge: Cambridge University Press, 1845)

Kelley– Donald, *François Hotman* (Princeton: Princeton University Press, 1973)

Kutter–Markus Kutter, *Celio Secondo Curione, sein Leben und sein Werk (1503-1569)* (Basel: Helbing & Lichtenhahn, 1955)

Kuyper–A. Kuyper, *À Lasco Opera tam edita quam inedita* (Amsterdam, 1866)

L.C.–*Loci Communes* (1580-1656). All Geneva editions of **L.C.** (1623, 1624, 1626 and 1627) have identical references to Vermigli's correspondence. The pagination is also identical in the 1583 London, 1587 Zurich, and 1603 Heidelberg editions. The 1580 Zurich edition contains two Beza letters not in L.C. (1603)

L.L.–Lambeth Palace Library, Selden Papers

Leiden–Bibliotheek der Rijksuniversiteit Leiden, *Codices Perisonioni*

Lismanino–Francesco Lismanino, *Exemplum Litterarum Ecclesiae Tigurinae ad Ecclesias Polonicas* (Pińczów: Lęczycy, 1559)

M.H.R.–Musée Historique de la Reformation, Geneva

McLelland & Duffield–J. C. McLelland and G.E. Duffield, *The Life, Early Letters and Eucharistic Writings of Peter Martyr* (Abingdon: Sutton Courtenay Press, 1989)

McNair–Philip McNair, *Peter Martyr in Italy* (Oxford: Clarendon Press, 1967)

Muller–J.A. Muller, *Letters of Stephen Gardiner* (1933)

New College–New College Library, Oxford

Norton–*An Epistle Unto Somerset* (1550)

BL : 8 vols., 1749-65

O.–Gerdes, Daniel. *Scrinium Antiquarum sive Miscellanea Groningana.* II, III, Groningen: Barlinkhof, (1753)

NCL — W4 / n 3, in 2 vols.

O.L.–*Original Letters* (Parker Society Edition, 1846-1847)

175 -54

Oratio–Josiah Simler, *Oratio De Vita et Obitu* . . . *D. Petri Martyris Vermilii* (Tiguri apud Christophorum Froschauerem Iuniorem, M.D.LXII)

Parma–Archivio di Stato, Parma

Pijper–Fredrik Pijper, *Jan Utenhove. Zijn Leven en zijne Werken* (Diss. theol.: Leiden, 1883)

Pollet–J.V. Pollet, *Martin Bucer. Études sur la Correspondance* (1958)

Potter & Greengrass–G. R. Potter and M. Greengrass, *John Calvin* (London: Edward Arnold, 1983)

Queen's–Queen's College, Oxford

Romanos–Peter Martyr, *In Epistolam S. Pauli Apostoli ad Romanos . . . commentarii doctissima* (Basel: P. Perna, 1558)

Rotondò–Antonio Rotondò, *Lelio Sozzini Opere* (Florence: Leo Olschki, MCMLXXXVI)

S.A.–*Scripta Anglicana* (1577)

S.S.–Simmlerische Sammlung, Zurich Zentralbibliothek

Scheiss–Traugott Scheiss, *Briefwechsel der Brüder Ambrosius und Thomas Blauer 1509-1567. Band III 1549-1567* (Freiburg i. Br.: Friedrick E. Fehsenfeld, 1912)

Schmidt–Charles Schmidt, *Peter Martyr Vermigli, Leben und ausgewählte Schriften* (Elberfield: R.L. Friderichs, 1858)

Schwarz–Rudolf Schwarz, *Johannes Calvins Lebenswerk in seinen Briefen*. Zweiter Band: *Der Briefe der Jahre 1548-1555* Dritter Band: *Der Briefe der Jahre 1556-1564* (Neukirchen: Neukirchener Verlag, 1962)

Strype 1694–John Strype, *Memorials of Cranmer*(1694)

Strype 1705–John Strype, *Life of the Learned Sir John Cheke, Kt.* (1705)

Strype 1812–John Strype, *Ecclesiastical Memorials* (1812)

Sudhoff–K.C. Sudhoff, *Olevianus und Z. Ursinus. Leben und ausgewählte Schriften* (Elberfeld: R.L. Fridericks, 1857)

T.B.–Thesaurus Baumianus (Strasbourg: Bibliothèque Nationale et Universitaire)

Tig.–*Epistolae Tigurinae* (Parker Society Edition: 1848)

White–John White, *Diacosio-Martyrion* (1553)

Wotschke–Theodor Wotschke, *Der Briefwechsel der Schweizer mit den Polen* (1908)

Z.B.–Zurich Zentralbibliothek, Sammlung Hottinger

Z.L.–*Zurich Letters* (Parker Society Edition, 1842-1845)

Z.S.A.–Zurich Staatsarchiv, Zentralbibliothek

Zanchi–*Operum theologicorum D. Hieronymi Zanchii* (Geneva: 1605)

Zofingen–*Epistolae Autographae variorum eruditione celebrum virorum saec. XVI ad Musculos aliosque scriptae,* Staatsbibliothek Zofingen

N.B. In the following Checklist, the location (either a physical place or a printed work) of each Letter is represented by **bold** type, followed by the internal archival reference, the volume numbers, or page numbers in roman type.

	Date	Place	Correspondent	Location
	1542			
1.	24 August	Fiesole	San Frediano	**McNair**, 287-88; **McLelland & Duffield**, 109-110
2.	5 October	Basel	Bullinger	**S.S.** M.S. C.S. 52[14]; **Z.S.A.** E II 340 (112)
3.	17 October	Basel	Bullinger	**S.S.** M.S. C.S. 52 (86)
4.	19 December	Strasbourg	Bullinger	**S.S.** M.S. C.S. 52 (86); **Z.S.A.** E II 340 (111)
5.	(December)	Strasbourg	[de Fuga]	**L.C.** (1582), 159-182; **C.P.** (1583)
6.	25 December	Strasbourg	Lucchese	**G.** 19-27; **L.C.** (1583), 1071
	1543			
7.	14 July	Strasbourg	Melanchthon	**C.R.** 5, 143
8.	8 October	Strasbourg	Amerbach	**B.U.B.** M.S. Ki. Ar. 18a, Bd. 3 Blatt. 287^r
	1544			
9.	13 April	(Strasbourg)	Bucer	**T.B.** MS 674: Reg. XV. 32-33; **A.S.T.** 40.21.28.
10.	29 December	Strasbourg	Neuchâteloise	**C.R.** 39, 597; **Her.** IX:436-441
	1545			
11.	7 July	Strasbourg	Bullinger	**Z.S.A.** E II 340 (157^{r-v})
12.	23 December	Strasbourg	Bucer	**T.B.** Reg. XVI, 158th

	1546			
13.	6 December	Ratisbon	Bucer/Zurich Pastors	**T.B.** Reg. XVII, 130-133
				U. 159-161
				C.R. 40
				Z.S.A. E II 337, 379-87
	1547			
14.	22 August	(Lambeth)	Dryander	**T.B.** Reg. XVIII 87
				A.S.T. 92 y. 40, fol. 837
15.	5 October	(Lambeth)	Dryander	**T.B.** Reg. XVIII 102
				A.S.T. 40, fol. 839
16.	December		Edward VI	**Queens'** MS 284 no. 30, fols. 181-183
	1548			
17.	21 September	Oxford	Utenhove	O III. II, 662-664
				G. 53-54
18.	26 December	(Oxford)	Bucer	**T.B.** Reg. XIX, fol. 125-127
				A.S.T. 159:83, 84, 85
				Tig.
				O.L. II
	1549			
19.	3 January		Dryander	**T.B.** Reg. XX, 2-3
				A.S.T. 40, 881^{r}
20.	15 January		Utenhove	O.III.II. 664-666/**G.**73-75
				T.B. Reg. XX, 14-15
				Tig.
21.	22 January		Bucer	O.L. II
				A.S.T.

No.	Date	Place	Person	Sources
22.	1 February		Dryander	**T.B.** Reg. XX, 18 **A.S.T.**
23.	9 May		Utenhove	**0.** III. II. 666-667 **T.B.** Reg. XX, 87
24.	15 June	Oxford	Martyr/Bucer	**A.S.T.** 177:87-96 (German text and letter of 20 June) **G.** 86-81 **Strype (1694)** **S.A.** (1577) **L.C.** (1624) **Pollet** **Codex Gott. Theol.** 184:115-117 **McLelland & Duffield**, 338-339
25.	20 June	Cambridge	Bucer/Martyr	**A.S.T.** 177:87-96 **T.B.** MS 679 Reg. XX, 92-96 **S.A.** 546-550 **G** 82-92 **Pollet** **Codex Gott. Theol.** 184:117-132
26.	13 August		Cecil	**B.L.** Add. MS 4277 fol. 43 **T.B.** MS 679 Reg. XX, 132
27.	August		Bucer	**G.** 97-98
28.	10 September		Strasbourg Pastors	**C.C.C.C.** MS 119:89
29.	18 December		Bucer	**C.C.C.C.** MS 102, 107-110 **G.** 123-126
30.	?	Tower of London	Gardiner/Martyr	**B.L.** Arundel MS 100

31.	?	Cranmer	**Muller** 445-446 **Tractatio** (1549) sig. aii^r-fv^r **C.P.** (1583) Part 4, 141-147 **McLelland & Duffield**, 161-173
	1550		
32.	10 January	Bucer	**T.B.** MS 679, Reg. XX, 161-162 **Ascham**, 437-438
33.	27 January	Bullinger	**Z.S.A.** E II 369 (84) **Tig.** **O.L.** II. **Z.L.** III
34.	March	Somerset	**Norton** **G.** 128-140
35.	31 March	Bucer	**G.** 140-142 **C.C.C.C.** MS 119, 119-20.
36.	31 May	Pellikan	**S.S.** MS 72 (210) fol. 47 (195) **Z.B.** MS fol. 47.145 (140-41)
37.	1 June	Bullinger	**Z.S.A.** E II 369 (83) **Tig.** **O.L.** II **Burnet** III.II, 264-67
38.	1 June	Gualther	**Tig.** **O.L.** II, (151-156) **G.** 151-156
39.	10 June	Bucer	**C.C.C.C.** MS 119, 107-108
40.	11 June	Bucer	**C.C.C.C.** MS 119, 117-118

No.	Date	From/To	References
41.	1 July	A Friend (Cheke?)	**Strype 1694**; L.C. (1582); C.P. (1583); L.C. (1587); L.C. (1603); G. 161-162; G. 168-175
42.	31 August	Bucer	C.C.C.C. MS 102, 91-94
43.	6 September	Bucer	G. 176-179
44.	10 September	Bucer	C.C.C.C. MS 119, 106y-106; G. 180-185; **T.B.**; **B.L.** Add. MS 19.400, no. 3
45.	20 September [T.B. 20 October]	Bucer	C.C.C.C. MS 119, 106E; **B.L.** Add. MS 19.400, fol. 20; **T.B.** MS 679: Reg. XX, fol. 212
46.	17 October	Hooper/Bucer & Martyr	**2 Hooper XIV**
47.	25 October	Bucer	**Strype 1812**, II/ii. 455; H. 162-164; **New College** Bod. MS 343, fols. 14-15
48.	4 November	Hooper	L.C. (1582); L.C. (1583); L.C. (1587); L.C. (1603)

49. 11 November — Bucer
    G. 187-196
    B.L. Add. MS 28, 571 fols. 35, 38
    New College Bod. MS 343, fols. 24-27
    Z.S.A. E II 359 (3021-23) (2 copies), 40
    C.C.C.C. MS 119, 106-106
    G. 196-199

50. 1 December — Cooche
    C.P. (1583) — pt. [6], pp. 113-115
    'To Robert Cooch' in defence of inf. bapt., wholly afrom [handwritten note]

1551

51. 10 January — Bucer
    T.B. Reg. XX, 237-38
    C.C.C.C. 119, 106
    G. 227
    Ascham
    Mem. Cranmer (1840): II. 898
    McLelland & Duffield, 339-340

52. Preface I Corinthians — Edward VI
    C.U.L.

53. 28 January — Bullinger
    C.P. (1583), 1, 6, 39-44
    Tig.
    O.L. II
    Z.S.A. E II 369 (98)

54. [2] February — Bucer
    B.L. Add. MS 28, 571, fols. 47-48
    C.U.L. MSS Mn 4.14
    G. 231-233

Viduae D. Martini Buceri   L.C. (Gen, 1624), 763-5

55. 8 March

Rosenblatt

- **T.B.** MS 679, Reg. XX, 252
- L.C. (Herd, 1622) 861-2
- L.C. (1583, Latin), 1089-90
- **L.C.** (1580), 572
- **L.C.** (1613), 1088-1089

56. 8 March

Oxford

Hubert (1613), (1089-90)

- **A.S.T.** 165:207, 208 (2 copies)
- **T.B.** Reg. XX, 249-250
- ✓ **L.C.** (1624), 763
- **Tig.**
- **O.L.** II
- **S.A.** (1577)
- **Pollet**
- **Codex Gött. Theo.** 184, 152-156
  Ein Ware . . . Buceri et Fagii (1557): 118v-120
  De Vita Buceri et Fagii (1562) sig. Kiii-Kvi

57. 8 March

College St. Thomas

- **C.R.** 1462
- **G.** 237-238
- **L.C.** (1582)
- **C.P.** (1583)

58. 10 March

St.Thomas

Cheke/Martyr

- **Strype 1705**
  De Vita Buceri et Fagii (1562): sig. Bi-Bvi

59. March

Bucer's Widow

- **L.C.** (1582)
- **C.P.** (1583) — pt.[6], pp. 82-84
- **L.C.** (1624), 763-5   see above

60. [March?]

John Warner/Martyr

- **C.C.C.C.** MS 119:109

No.	Date	Place	Recipient	References
61.	25 April	Oxford	Bullinger	**O.L.** II / **Tig.** / **Z.S.A.** E II 369 (97) / **C.R.** 1485
62.	25 April	Oxford	Gualther	**L.C.** (1582) 25 October / **C.P.** (1583) / **L.C.** (1587) / **L.C.** (1603) / **G.** 261-262 / **L.C** (1624)
63.	28 April	Oxford	Martyr/Blauer	**Z.B.** MS F. 43. 699-700 / **Scheiss** III, 119
64.	6 August		Bullinger	**O.L.** II / **Tig.** / **Z.S.A.** E II 369 (95) / **A.S.T.** 41, 97-98 / **C.R.** 1530
65.	7 September		Hubert	**T.B.** Reg. XX, 262-263
66.	26 October		Bullinger	**O.L.** II / **Tig.** / **Z.S.A.** E II 369 (96) / **SS.** MS CS. 76:93 / **Huelin**
67.	23 November		Heinrich, Count Palatine	
68.	**1552** 23 February		Hubert	**Huelin** / **A.S.T.** 41:103-05-07

	Date	Place	Correspondent	References
69.	6 March	Lambeth	Gualther	T.B., Reg. XXI, 10-11 O.L. II Tig. L.C. (1582) C.P. (1583) L.C. (1587) L.C. (1603) L.C. (1624), 765
70.	7 March	Oxford	Cecil	Strype 1694, 49II, 228-229
71.	8 March	Lambeth	Bullinger	O.L. II Z.S.A. E II 369 (111)
72.	14 June	Oxford	Bullinger	2 Brad. 400-402 (Parker Soc.) Goode G. 280-283 Z.S.A. E II 359 (2892)
73.	10 September		Hubert	A.S.T. 41: 115, 117, 119 T.B., Reg. XXI, 25-26
74.	4 October	Oxford	Bullinger	G. 286-288 Z.S.A. E II 359 (2893-2894)
1553				
75.	[8 Jan?]		Hubert	A.S.T. 41:123,125 C.R. 1698
76.	1553?			T.B. Reg. XXI, 42
77.	7 March	Oxford	Cecil	B.L. Lansdowne MSS I (5-7) Strype 1694, 228-229
78.	18 April	Oxford	Haddon	B.L.

No.	Date	Place	Correspondent	Reference
79.	22 April		Martyr/Hubert	**Strype 1694**, 227 **Hubert** (1562) sig. Cc^2–Cc^4, fols. 194^v–196^r
80.	9 May	Oxford	Utenhove	**G.** 292-295 **O.** III.II.666
81.	20 July		Hubert	**Hessels,** Tom. sec., 36-37 **A.S.T.** 41:127-129 **T.B.,** Reg. XXI, 54-55
82.	29 October		Bullinger	**Schmidt**
83.	3 November	Strasbourg	Calvin	**L.C.** (1582) **C.P.** (1583) **L.C.** (1603) **L.C.** (1613) **C.R.** 1842 **L.C.** (1624) **G.** 305-306
84.		London?	White/Martyr	*Diacosio*
85.	3 November		Bullinger	**Z.S.A.** E II 335 (2259) **O.L.** II **Tig.** 332
86.	15 December		Bullinger	**Z.S.A.** E II 335 (2261) **O.** II **Tig.**
87.	27 December	[L.C. (1582)]	Scholars	**A.S.T.** 346, 62-63 **C.P.** (1583) **McLelland & Duffield,** 319-320

	Date	Place	Recipient	Sources
88.	30 December		Bullinger	**Z.S.A.** E II 340 (225-226)
89.	30 December		Lavater	**L.C.** (1582) **C.P.** (1583) **L.C.** (1587) **L.C.** (1603) **L.C.** (1624) **G.** 310-311
1554.				
90.	22 January	Strasbourg	Students St. Thomas	**A.S.T.** 346, fol. 119
91.	22 January		Bullinger	**Z.S.A.** E II 335 (2256-2257) **O.L.** II **Tig.**
92.	21 February		J. Sturm	**A.S.T.** 173:110
93.	24 February		Bullinger	**O.** III. II. 668-669 **Z.S.A.** E II 335 (2257-2258) **O.L.** II **Tig.**
94.	13 March		Bullinger	**S.S.** MS C.S. 81[107] **Z.S.A.** E II, 340 (214)
95.	3 April		Bullinger	**Z.S.A.** E II 335 (2258) **O.L.** II **Tig.**
96.	9 May	Strasbourg	Calvin	**Z.B.** MS F 12ª(267) **L.C.** (1582), Cols. 231-232 **C.P.** (1583)

	Date	Place	Recipient	References
97.	29 May		Melanchthon	**L.C.** (1613) 8 May **C.R.** 1953 **G.** 316-317 **L.C.** (1624)
98.	26 June		A Friend [Melanchthon]	**Bindseil**, no. 382 **Z.S.A.** E II 356 (197-198) **C.P.** (1583) **L.C.** (1587) **L.C.** (1603) **G.** 318-320 **L.C.** (1624)
99.	27 August	Geneva	Calvin/Martyr	**Bonnet** 6 (59-60) **Dillenberger**, 52-53 **C.R.** 2003
100.	24 September	Strasbourg	Calvin	**C.R.** 2014 **L.C.** (1582) **C.P.** (1583) **L.C.** (1623) **L.C.** (1587) **L.C.** (1627)
101.	30 September	Strasbourg	Omnibus Anglis	**C.R.** 2014
	[McNair dates 1555 - dated 1554 in **L.C.** (1627) fols. 270-271]			
102.	12 October		Foxe/Martyr	**Humphrey** 93-95 **Strype 1812**, 153-154 **B.L.** Harl. MS 417, 116
103.	[1554]		Foxe/Martyr	**Strype 1812** 151-152 **B.L.** Harl. MS 417, 115

No.	Date	Place	Recipient	References
104.	20 October		Bucer	T.B. Reg. XX, 212
105.	29 October		W. Musculus	A.S.T. 159:93, 94 T.B. Reg. XXI, 93 + Zofingen MS I, fol. 24$^{r\text{-}v}$ (auto)
106.	18 November		Beza	C.T.B. 54 L.C. (1580) L.C. (1582) C.R. 2049 C.P. (1583)
107.	?		A Friend	L.C. (1582) C.P. (1583) G. 333-335
108.	27 November	Geneva	Calvin/Martyr	Z.S.A. E II 358 (210-226) C.R. 2053
109.	10 December		Bullinger	Bonnet 6 (98) Z.S.A. E II 340 (215)
	1555			
110.	18 January	Geneva	Calvin/Martyr	C.R. 2089
111.	29 January		Bullinger	Bonnet 6 (121-126) S.S. MS C.S. 84[49]
112.	17 February		Bullinger	Z.S.A. E II 340 (217) Z.S.A. E II 340 (220/222)
113.	8 March		Calvin	C.R. 2142 L.C. (1582) C.P. (1583) L.C. (1587)

114.	8 March (internal date)		Beza	L.C. (1603) L.C. (1623) G. 340-344 **McLelland & Duffield**, 343-348 **C.T.B.** 57 L.C. (1580) L.C. (1582) C.P. (1583), 105-106 L.C. (1624)
115.	16 April		Bullinger	Z.S.A. E III 359 (2950)
116.	18 June		Alexandre	L.C. (1582) Z.B. MS F. 59. 97 C.P. (1583) L.C. (1587) L.C. (1603) L.C. (1624) C.R. 2233
117.	3 July		Bullinger	C.R. 2237 Z.S.A. E II 340 (218-219)
118.	8 August	Geneva	Calvin/Martyr	C.R. 2266 G. 349-352 **Bonnet** 6 (217-218) **Schwarz** I: 793-795
119.	23 September	Strasbourg	Calvin	C.R. 2301 C.P. (1583) L.C. (1582) dated 23 Sept.

No.	Date	Place	Recipient	Sources
120.	25 September		Hardenberg	L.C. (1587) dated 25 Sept. / L.C. (1603) / L.C. (1613) dated 23 Sept / L.C. (1624)
121.	8 December		Calvin	B.N.C.V.E. Busta 153, n. 23 / C.R. 2357
122.	31 December		Bullinger	Tig. 338-339 / O.L. II
123.	?(1555)		Cranmer	Z.S.A. E II 369 (132) / 2 Cran 457 (Parker) / O.L. I

1556

No.	Date	Place	Recipient	Sources
124.	13 January		Calvin	C.R. 2377
125.	4 February	Zurich	Wolf/Martyr	B.P.U. MS Lat. 112 fols. 1-2 / Z.B. MS F. 41.364
126.	14 February		Polish Nobility	Lismanino, fols. F^8-I^3 / L.C. (1582) / C.P. (1583) / L.C. (1624)
127.	16 February	Strasbourg	Calvin	C.R. 2390 / L.C. (1580) / L.C. (1582) / C.P. (1583) / L.C. (1583) / L.C. (1587)

128. 17 February — Bullinger —
L.C. (1603)
L.C. (1623)
L.C. (1624)
G. 354-355
S.S. MS C.S. 86 [150]
Z.S.A. E II 340 (222)
C.R. 2392 (excerpt)

129. 18 February — Wolf —
Tig.

130. 15 March — Grindal —
O.L. II
Strype **1705** 130

131. 4 April — Lavater —
C.P. (1583)
L.C. (1582)
C.P. (1583)
L.C. (1587)
L.C. (1603)
L.C. (1623)
L.C. (1624), 784

132. 5 April — Bullinger — Strasbourg —
S.S. MS C.S. 87 [70]
Z.S.A. E II 359 (2951)

133. 9 April — Beza —
C.T.B 81bis VIII (1567), 279-280
Gotha MS A405, fol. 325

134. 21 April — Calvin — Zurich —
L.C. (1582)
C.P. (1583)
L.C. (1624)

135. May — Calvin —
C.R. 2453

136. 1 May — Bullinger/Martyr —
Z.S.A. E II 347 (323)

137. 4 May	Strasbourg	Senate/Martyr	**Archives de la Ville** AA. 1816.61, 357-359
138. 7 May		Bullinger	G. 357-359 L.C. (1582) C.P. (1583) L.C. (1587), **L.C.** (1603) L.C. (1623), **L.C.** (1624) **Z.B.** MS F. 60 (396-397)
139. 7 May		Burg. Rat/Zurich	**Z.S.A** E I 1 (3) G. 359-365
140. 15 May		Strasbourg Senate	L.C. (1583)
141. 18 May	Zurich	Wolf/Martyr	**Z.B.** MS F. 41.365-366
142. 22 May		Bullinger	G. 365-368 C.P. (1538) L.C. (1587) L.C. (1603) L.C. (1623) **C.R.** 2453
143. 7 June		Utenhove	O. III.II, 670-671 **Hessels** Tom. sec., 47-49
144. 14 June		Calvin	**C.R.** 2479
145. 29 June		Bullinger	G. 370 L.C. (1582), **L.C.** (1587) L.C. (1603), **L.C.** (1623) L.C. (1624) C.P. (1583)

No.	Date	Recipient	References
146	[3 June]	Lavater	L.C. (1580, **L.C.** (1582) C.P. (1583) L.C. (1587), **L.C.** (1603) L.C. (1613), 1117 L.C. (1623) G. 371-372
147.	7 July	Calvin	B.P.U. MS Lat. 112 fols. 3-4 C.R. 2494
148.	3 August	Martyr/Calvin	**Leiden**, Q.5. fol. 8^r–9^r C.R. 2510
149.	14 August	Sleidan	A.S.T. 24:338, 339 A.S.T. 176:551
150.	11 September	W. Musculus	**Zofingen:** MS I, fol. 23^{r-v}, **Anderson** 487-490
151.	28 November	à Lasco/Bullinger Martyr/Bibliander Gualther	Z.S.A. E II 391 (681-682) Z.B. MS A 51 (68) C.R. 2555 **Gerdes,** Mis. G. II 2 736-743 no. 64 **Kuyper** II, 733 à Lasco *Opera* **Fuessli,** I 84 (387-398)
152.	1556	San Frediano	L.C. (1582) C.P. (1583) **M.H.R.** H. March 3

1557

153.	31 January	Geneva	Calvin/Martyr	**S.S.** MS C.S. 89 [32] **S.S.** MS C.S. 89 (37) **C.R.** 2591
154.	15 March	Zurich	A Friend	**Bonnet** 6 (313-314) **G.** 372-373 **L.C.** (1582) **C.P.** (1583) **L.C.** (1587) **L.C.** (1603) **L.C.** (1623) **L.C.** (1624)
155.	19 March		Stump	**S.S.** MS C.S. 313 (107)
156.	8 April		Calvin	**C.R.** 2614 **L.C.** (1582) **C.P.** (1583) **L.C.** (1587) **L.C.** (1603) **L.C.** (1623)
157.	12 April	[McNair, 1553?]	Micronius/Bullinger Biblander-Martyr	**Z.S.A.** E II 375 (515) **Fuessli** I 86 (404ff.)
158.	21 April		Calvin	**C.P.** (1583)
159.	29 May		J. Crato	**Z.S.A.** E II 361 (289)
160.	5 June		Poullain	**C.T.B.** II. annexe ix
161.	8 June		Magistrat. Stras.	**A.S.T.** 43:313, 314
162.	10 June		Utenhove	**O.**

No.	Date	Correspondent	Place	Sources
163.	16 June	Curione		Kutter, 279-280
164.	23 June	Utenhove/Martyr & Bullinger		Z.L. III, 596-604; Z.S.A. E II 369 (126); C.R. 2652; Tig. III (388ff.); Wotschke 66 no. 103
165.	1 July	Calvin		Hott. VIII, 829; Gotha Bib. Ducale MS 405, fol. 328
166.	15 July	Maria Ponet		O.L. I, 118; Z.B. MS F. 60.592
167.	20 July	Beza		C.T.B. 100; C.R. 2665
168.	20 July	Calvin/Martyr		C.R. 2667
169.	[July 1557]	Calvin		C.R. 2668
170	24 August	Beza-Bullinger/Martyr	Lausanne	Z.S.A. E II 348 (461-466); C.T.B. 104
171.	29 August	Calvin		C.R. 2689; C.R. 2690; L.C. (1582); C.P. (1583); L.C. (1583); L.C. (1603); L.C. (1623); L.C. (1624)

172.	1 September	Calvin/Zurich Pastors	**Bonnet** 6:353-354
173.	13 October	Calvin/Martyr	C.R. 2694
174.	20 October	Melanchthon	C.R. 2742
			C.P. (1583)
			L.C. (1587), 1120
			L.C. (1603)
			L.C. (1613)
			L.C. (1623)
175.	**1558**	Amerbach	**B.U.B.** G I 66, fol. 10^r-14^r
176.	20 January	Cooke	**O.L.** I, 139-140
			Z.B. MS F. 57.63
177.	8 April	Sampson	**O.L.** I
			Z.B. MS F. 61.102
178.	21 April	Calvin	C.R. 2855
179.	6 May	Calvin	**Z.S.A.** E II 374 (297)
			Rotondò: 68-71
180.	22 May	Calvin/Martyr	C.R. 2874
			Schwarz II:948-949
181.	10 June	Utenhove	**Bonnet** 6 (421-423)
			O. III. II, 671-674
			Hessels Tom. Sec., 89-90
182.	30 June [10 June?]	Utenhove	**Schmidt**
183.	10 July	Sampson	**Tig.** 121
			O.L. I
			Z.B. MS F. 61.107

	Date	Place	Recipient	Reference
184.	11 July		Calvin	L.C. (1582) 11 June L.C. (1583) 11 July C.P. (1583) L.C. (1587) L.C. (1603) L.C. (1613) 11 July L.C. (1623) L.C. (1624) C.R. 2916
185.	30 July	Kraków	Utenhove/Bullinger –Martyr	Z.S.A. E II 371 (715-716)
186.	August	Osřeg	Cooke	Romanos Preface (1558)
187.	5 August		à Lasco/Bullinger Martyr, *et al.*	Z.S.A. E II 371 (717) C.R. 2937 Kuyper II, (547ff.)
188.	20 August [26 August in **Schmidt**, 215]		Goodman	Z.S.A. E II 368 (258/259) C.R. 2936 O.L. II. 768
189.	26 August	Wlodzistow	Bullinger	Z.S.A. E II 346a (389/390)
190.	12 September		Utenhove/Bullinger	Z.S.A. E II 371 (718)
191.	16 September		Martyr Calvin	C.P. (1583)
192.	18 September		Utenhove	Z.S.A. E II 371 (718-719)
193.	19 September		Bullinger	Z.S.A. E II 374 (323, 40 & 350-360)

No.	Date	Place	Correspondents	References
194.	15 October		Cooke (?)	B.L. Add MS 29549, fols. 16-17 (Auto.)
195.	4 November	Emden	Comph Gerhard/Bullinger Martyr-Biblander Gualther, et al.	Z.S.A. E II 345 (450)
			Negri/Martyr	T.B. MS 680 Reg. XXI, fol. 202 S.S. MS C.S. 93 [118]
196.	14 November			Z.B. MS F. 57.148 O. III. II, 676-678 G. 378-379
197.	29 November		Utenhove	
198.	1 December [1558]		Calvin	Hessels Tom. Sec., 101-103 C.R. 2988 G. 380-382 L.C. (1582) C.P. (1583) L.C. (1587) L.C. (1603) L.C. (1623) L.C. (1624)
199.	17 December [Simler, 18 December]		Sampson/Martyr	Z.L. 1, 1 Z.B. MS F. 61.104
200.	22 December		Elizabeth I	Burnet III. II. 391-392 B.L. Add. MS 29, 549 (12-16) G. 383-390 L.C. (1582) C.P. (1583)

No.	Date	Correspondent	Reference
201.	1558	Martyr/Bullinger	**L.C.** (1624) **Z.S.A** E II 340 (224)
	1559		
202.	7 January	Utenhove	**O.** III. II. 674-676 **G.** 405-407
203.	18 January	Viret	**Z.S.A.** E II 371 (737) **C.R.** 3001
204.	26 January	Jewel/Martyr	**Jewel** (Parker) **Z.L.** I, 6-9 **Burnet** III. II. 347-349
205.	27 January	Utenhove/Martyr Bullinger	**Z.S.A.** E II 338 (1574-1575) **Pijper,** xxxvi-xxxvii **Z.L.** II, 13-14
206.	12 February	Cooke	**Z.S.A.** E II 345 (380) **Tig.** 8
207.	2 March	Calvin/Martyr	**Bonnet 6** (31-33) **Dillenberger,** 72-73 **Potter & Greengrass,** 169-170 **C.R.** 3024
208.	March	Elizabeth	*Defensio* (1559) Preface
209.	20 March	Jewel/Martyr	**Jewel** (Parker) **Z.L.** I, 9 **Z.B.** MS F. 46, 190-193 **Tig.** 5 **Burnet** III. II. 352-354
210.	6 April	Jewel/Martyr	**Jewel** (Parker)

211. 14 April	Jewel	Z.L. I, 13 Burnet III. II. 357-359 Tig. 7 Z.B. MS F. 46, 118-121
212. 16 April	Calvin	Jewel (Parker) Z.L. I, 17-19 Z.B. MS F. 46, 170-173 Tig. 9 Cardwell, 95-98 Burnet III.2, 360-362 C.R. 3042 L.C. (1583) L.C. (1587) L.C. (1603) L.C. (1623) L.C. (1624)
213. 28 April	Jewel/Martyr	Jewel (Parker) Z.L. I, 19 Z.B. MS F. 46, 122-125 Burnet III. II. 360-362
214. 1559 [date?]	Jewel	Jewel (Parker) Z.L. I, 23 Tig. II
215. 4 May	Viret/Martyr	C.R. 3048 Z.S.A. E II 368 (270)
216. 6 May	Olevian/Martyr	C.R. 3049

No.	Date	Place	Correspondent	References
217.	29 May		Melanchthon	**Sudhoff**, 479-480 **Z.B.** MS F. 60, 488-489
218.	13 June	Frankfurt a.M	Utenhove	**Z.S.A.** E II 356 (197/198) **Z.S.A.** E II 338 (1576)
			Bullinger-Martyr	**Pijper** xxxvii-xxxix **Wotschke** 91 no. 171b (R)
219.	10 July		Sandys	**L.L.** MS 2010, fol. 37
220.	15 July		Sampson	**L.C.** (1582) **C.P.** (1583) **Z.L.** II, 25 **L.C.** (1587) **L.C.** (1603) **L.C.** (1623) **L.C.** (1624) **Tig.** 15
221.	1 August		Jewel	**Jewel** (Parker) **Z.L.** I, 38 **Z.B.** MS F. 46 174-177 **Tig.** 22
222.	16 August	Gyrsberg Castle	Blauer/Martyr	**Burnet** III. II. 362-364 **Z.S.A.** E II 437 (471-474) **Z.S.A.** E II 357b (458-461) **Scheiss** III 464-467
223.	22 August		Cox	**L.L.** MS 2010, *Defensio*, 2^r-4^v (1559)

No.	Date	Correspondent	Place	References
224.	26 August	Calvin		**Anderson** 499-506 **L.C.** (1583)
225.	31 August	Cox		**L.L.** MS 2010 **Anderson** 508
226.	End of August	Martyr/Blauer		**Scheiss** III, 468-472
227.	26 September	Calvin		**L.C.** (1582) **C.R.** 3119/**C.R.** 3251 bis [1560] **L.C.** (1583)
228.	4 October	Calvin	Zurich	**T.B.** Reg. X, 36 **C.R.** 3122 **Bonnet** 7 (66-67) **Schwarz** II:1029 **Potter & Greengrass**, 162
229.	4 October	Beza	Zurich	**C.T.B.** 151 **C.R.** 3123 **L.C.** (1580), 580 **L.C.** (1624) **C.P.** (1583)
230.	2 November	Jewel/Martyr		**Jewel** (Parker) **Z.L.** I, 44 **Burnet** III. II. 380-382 **Tig.** 25 **Z.B.** MS F. 46. 164-167
231.	4 November	A Friend		**L.C.** (1582)

No.	Date	Recipient	References
232.	5 November	[Sampson]	C.P. (1583) Z.L. II, 32 [Mentions letter of 27 August, not extant] L.C. (1624)
233.	16 November	Jewel	Z.L. I. 52 Tig. 30 Z.B. MS F. 46. 148-151 Burnet III. II. 382-384 Jewel (Parker)
		Jewel/Martyr	Z.L. I, 54 Burnet III. II. 385-386 Tig. 33 Z.B. MS F. 46. 156-159
234.	29 November	Utenhove	O. III. II. 676-678
235.	1 December	Jewel	Jewel (Parker) Z.L. I, 59 Z.B. MS F. 46. 198
1560			
236.	6 January	Sampson/Martyr	Z.L. I, 62 Z.B. MS F. 61. 105-106 Burnet III. II 393-395
237.	28 January	Grindal	L.L. MS 2010 B.L. Add. MS 32, 091, fol. 179, Anderson 510-512
238.	1 February	Sampson	L.C. (1582)

No.	Date	Recipient	References
239.	4 February	Jewel/Martyr	C.P. (1583) Z.L. II, 38 [Mentions letter of October 1559, not extant] Jewel (Parker) Z.L. I, 67 Z.B. MS F. 46. 182-185 Burnet III. II. 387-388
240.	5 March	Jewel	Jewel (Parker) Z.L. I, 70 Tig. 40 Z.B. MS F. 46. 126-129
241.	20 March	A Friend [Sampson]	L.C. (1582) L.C. (1624) Z.L. II, 47 C.P. (1583)
242.	1 April	Sandys/Martyr	[Mentions letter of 6 January, extant] Z.L. I, 72 Tig. 42 Z.B. MS F. 61. 490-491 Burnet III. II. 388-391
243.	9 May	Folkertzheimer	C.R. 3195 S.S. MS C.S. 97 [32]
244.	11 May	[Wolf] Calvin	Z.B. MS F. 60, 1-2 T.B. MS 680: Reg. XXI, 225 Bonnet 7 (106-108)

No.	Date	Correspondent	References
245.	13 May	Sampson	C.R. 3196; B.S.H.P.F. I (1852-1853), 250-252 [French copy]; Schwarz II: 1056-1057
246.	22 May	Jewel	Z.L. I, 75; Tig. 44; Jewel (Parker); Z.L. I, 77; Tig. 45
247.	27 May	Cruciger/Polish Nobility	Z.B. MS F. 46, 130-133; E (1561)
248.	1 June	Jewel	Jewel (Parker); Z.L. I, 80
249.	13 June	Blauer/Martyr	Z.B. MS F. 46, 186-189; Z.S.A. E II, 437(a) (475-490); Z.S.A. E II. 357 (458ff.); Scheiss III:511-516
250.	18 June	Martyr/Cox	L.L. MS 2010, Anderson 516-519
251.	18 June	Sandys	L.L. MS 2010, Anderson 513-515
252.	17 July	Jewel	Jewel (Parker); Z.L. I; Z.B. MS F. 46, 136-139
253.	31 July	Calvin (Frankfurt)	C.R. 3460
254.	20 September	F. Riverius/Bullinger, Martyr/Ochino	Z.S.A. E II 347 (723)

No.	Date	Name	Reference
255.	5 November	Cooke	**B.L.** Add. MS 29, 549, fol. 18ʳ
256.	6 November	Jewel	**Jewel** (Parker); **Z.L.** I, 91; **Tig.** 54
257.	20 November	Hotman/Martyr	**Z.B.** MS F. 46,144-147; **Z.S.A.** E II 356a (860); **Kelley,** 343
258.	4 December	Stancaro/ Martyr, *et al.* (Dubiecz)	**C.R.** 3288; **Z.S.A.** E II 371 (815); E II 341 (3600); **Berne SB,** Cod. 122 no. 3, fol. 7ʳ-8ʳ
259.	10 December	Stanislaus Ostróg	**Z.S.A.** E II 371 (816/817)
260.	10 December	Stadnicius/Calvin Bullinger-Martyr W. Musculus, *et al.*	**Berne SB,** Berne Cod. 122 no. 2, fol. 6ʳ-7ʳ; **C.R.** 3290; **Z.S.A.** E II 341 (3599); E II 37 (816ff.)
261.	22 December	Certain Friend (Scholarchis Argent.)	*Iudicum* (1571); **C.P.** (1583); Not dated in L.C. editions
262.	[Dec. 1560?]		
263.	[June ?]	Cox/Martyr	**Z.L.** I, 65-67; **Tig.** 38
1561			
264.	(1561?)	Hubert	**A.S.T.**

No.	Date	Recipient	Source
265.	January 22 (1560?)	Hotman/Martyr-Beza-Bullinger	S.S. MS C.S. 239 [21a]
266.	15 February	Strangers' Church	Dareste, 29; L.C. (1582); C.P. (1583); L.C. (1624)
267.	March	Polish Nobility	E (1561)
268.	13 April	Peter Sturm	L.C. (1582); C.P. (1583); L.C. (1587); L.C. (1603); L.C. (1623); L.C. (1624)
269.	23 April	Peter Sturm	T.B. MS 681 Reg. XXII, 5
270.	29 May	Crato/Martyr	Z.S.A. E II 361 (289); G. 420-422
271.	July	Earl of Bedford	C.P. (1583)
272.	12 July	Hotman/Martyr	Z.S.A. E II 345 (489)
273.	12 July	John Sturm	S.S. MS C.S. 239 (215a)
274.	12 July	Hubert	A.S.T. 4.206 or 233
275.	13 July / 31 July	Calvin	C.P. (1583); L.C. (1582); L.C. (1624); L.C. (1656); C.R. 3460
276.	21 July	Peter Sturm	A.S.T. 159:95-97

277. 22 July	Prince in England	L.C. (1582) C.P. (1583) Z.L. II, 57
278. July	Farel [dubious]	C.R. 3462 S.S. MS C.S. 239 [223b]
279. 15 August	Calvin	L.C. (1582) L.C. (1583) C.R. 3481 C.P. (1583) L.C. (1624)
280. 15 August	Jewel	L.L. MS 2010 Anderson 520-529 Dialogus (1561) sig. *2^r-*8^r
281. 17 August	Calvin/Martyr	C.R. 3483 Bonnet 7 (208-210) Schwarz II: 1132-1133
282. 20 August	Zurich Senate	Baum, 57-58
283. 23 August	Parkhurst	L.C. (1582) C.P. (1583) G. 422-424
284. 29 August	Zurich Senate	Z.S.A. E I, 13
285. 12 September	Zurich Senate	Baum 62/63
286. 12 September	Bullinger	L.C. (1582) C.R. 3517 C.P. (1583) Z.B. MS F. 72a (267), MS F. 36 (779-780). See MS B. 54 (184-195)

No.	Date			References
287.	12 September		Calvin	C.R. 3516
288.	19 September	[12 August in letter]	Zurich Senate	**Baum** L.C. (1582) C.P. (1583) **Z.S.A.** E II 374 (332-340, 350-360) L.C. (1624) C.R. 3526
289.	19 September		Bullinger	Hott. VII: 737ff. **McLelland & Duffield**, 327-328 C.R. 3541
290.	26 September	Poissy	Colloquy	**Baum** L.C. (1582) L.C. (1582) L.C. (1624) C.R. 3544 **Baum**, 395 (13) C.P. (1583) **Z.S.A.** E II 358 (352-353)
291.	30 September		Exhibita	
292.	2 October	St. Germain	Martyr/Bullinger	**Z.S.A** E I 1 (1.3) C.R. 3547
293.	4 October		Zurich Senate	
294.	4 October		Calvin	L.C. (1582) C.P. (1583) L.C. (1587) L.C. (1603) L.C. (1623)

No.	Date	Place	Correspondents	References
295.	5 October		Wolf/Martyr	L.C. (1624)
296.	6 October		Randolf/Martyr	Z.B. MS F. 41.356
297.	15 October	St. Germain	Martyr/Bullinger	S.S. MS C.S. 239 [324a]; Z.B. MS F. 36 (781-783) [German]; Z.B. MS F. 12a (281)
298.	17 October		Zurich Senate	L.C. (1582); C.R. 3574
299.	17 October		Bullinger	L.C. (1582); C.P. (1583); L.C. (1587); L.C. (1603); L.C. (1623)
300.	19 October		Lavater	L.C. (1582); C.R. 3576; C.P. (1583); L.C. (1587); L.C. (1603); L.C. (1623)
301.	20 October		Bullinger	L.C. (1582); L.C. (1583); L.C (1587); L.C. (1603); L.C. (1623); C.R. 3578
302.	24 October		Bullinger	Z.B. MS F. 36 (783)
303.	6 November	Troyes	Beza	Z.S.A E II 358 (352-353); C.R. 3602

No.	Date	Correspondent	References
304.	25 November	Beza	**L.C.** (1580), 582
			L.C. (1582)
			C.T.B. 209
			C.P. (1583)
			L.C. (1587)
			L.C. (1603)
			C.T.B. 217
305.	25 November	Calvin	**L.C.** (1580), 582
			L.C. (1582)
			C.P. (1583)
			L.C. (1587)
			L.C. (1603)
			L.C. (1624)
			C.R. 3625
			L.C. (1582)
			C.P. (1583)
			L.C. (1587)
			L.C. (1603)
			L.C. (1623)
			L.C. (1624)
306.	25 November	des Gallers	**Z.S.A.** E II 368 (545)
			Baum II, app. 131
			C.T.B. 221
			Z.S.A. E II 371 (874)
			Zanchi Epist. I, 486
			A.S.T. 165:312-313
307.	14 December	Beza/Martyr	**L.C.** (1623), 802-803
308.	27 December	Bullinger/Martyr	**L.C.** (1623), 802-803
309.	31 December	Peter Sturm	**L.C.** (1624)

1562

310.	January	Bullinger	C.R. 3691
311.	7 February	Jewel/Martyr	Z.S.A. E II 371 (908)
			Jewel (Parker)
			Burnet III. II. 397-399
			Z.L. I, 99
			Z.B. MS F. 46. 140-143
312.	16 March	Calvin	C.R. 3743
			Schwarz II: 1182-1183
313.	19 March	Hubert	T.B. MS 681. Reg. XXII, fol. 48
314.	22 May	[Same letter?]	Z.S.A. [89a]
			L.C. (1582)
			L.C. (1624)
			L.C. (1656)
	24 May	Dist. Gentleman	*Oratio* (1563), $39^{r-v}-41^{r-v}$,
			French ed. 1565
		Peter Sturm	**Baum**
			Zanchi (1605)
			Z.B. MS Car XV.20 (79-88)
			C.P. (1583)
315.	26 May	Calvin/Martyr	**McLelland & Duffield**, 352-358
			A.S.T. II. 92 (92) 11
316.	26 June	Cooke	Zanchi 108
			Z.L. II, 76
			Z.B. MS F. 59.62
317.	1562?	Hubert	T.B., Reg. XXIII, 288-289
318.	15 July	Hubert	A.S.T. 41:225
319.	5 August	Cox/Martyr	S.S. MS C.S. 239 (213a)

No.	Date	Place	Correspondents	References
320.	14 August		Jewel/Martyr	**Z.B.** MS F. 57.70; **Jewel** (Parker); **Z.L.** I, 117; **C.R.** 3835
321.	18 August		Stanislaus Paclesius	**Z.B.** MS F. 46.178-181; **Z.S.A.** E II 367 (185-188); **Wotschke** 151-153
322.	24 August		Jewel	**L.C.** (1582); **C.P.** (1583); **Z.L.** I, Appendix; **L.C.** (1587); **L.C.** (1603); **L.C.** (1624)
323.	August		Bullinger	**C.R.** 3840
324.	19 September		Bullinger	**B. Ste. Gen.** MS 347, 47 fol. 158
325.	24 September	Kraków	Paulus/Martyr; Bullinger	**C.R.** 3857; **Z.S.A.** E II 367 (176-178); **Wotschke** 154 (257)
326.	1 October		Cox	**B.L.** Add. MSS 21, 524, fol. 100
327.	4 October		Cox	**L.L.** MS 2010; **Anderson** 532-533
328.	17 November	Kraków	Paulus/Martyr; Bullinger/Ochino	**Z.S.A.** E II 367 (179-181); **C.R.** 3877; **Wotschke** 155
			Martyr died 12 November	
1560s				
329.	17 cal Juni		Thomas Frolich/Martyr	**Z.B.** MS F. 60.22-23

Polemical Works against Vermigli

Brenz, Johann. *De maiestate Domini nostri Iesu Christi ad dexteram Deo patris, et vera praesentia Corporis & Sanguis eius in Coena. In hoc scripto respondetur Petro Martyri, & Henrico Bullinger, Cingliani dogmatis de Coena Dominica propugnatoribus.* Frankfurt: Petrus Brubachium, September, 1562. This is Brenz's response to Vermigli's *Dialogus.*

―――. *De Personali unione duarum naturarum in Christo, et ascensu Christi in coelum ac sessione eius ad dexteram Dei Patris. Qua vera Corporis et Sanguinis Christi praesentia in Coena explicata est, et confirmata.* Tübingen: The Widow of Ulricus Morhard, 1561. This is the work that provoked Vermigli's *Dialogus.*

Schulting, Cornelius. *Bibliothecae catholicae et orthodoxae, contra summam totius theologiae Calvinianae in Institutionibus Ioannis Calvini, et Locis Communibus Petri Martyris, breviter comprehensae.* Cologne: S. Hemmerden, 1602.

Smith, Richard. *De Coelibatu sacerdotium Liber unus eiusdem de votis monasticis liber alter, nunc primum typis excusi.* Louvain: Apud Ioannem Waen, February, 1550. The title page to the second book [F1^r] adds: *Eiusdem D. Richardi Smythei confutatio quorundam articulorum de votis monasticis Petri Martyris Itali, Oxoniae in Anglia theologiam profitentis.* This is the work that Martyr refuted in his *Defensio . . . ad Riccardi Smythaei . . . duos libellos de Caelibatu sacerdotium & Votis monasticis* [our entry IV].

―――. *Diatriba de hominis iustificatione aedita Oxoniae in Anglia, anno a nativitate Domini nostri Iesu Christi. 1550. Mense Februario adversus Petrum Martyrem Vermelinum, olim Cartusianum Lucensen in Italia, nunc apostatam in Anglia Oxoniae, acerrimum improborum dogmatum assertorem, sed imperitum, & impudentem cum primis.* Louvain: Antoniis Maria Bergaigne, October, 1550.

Stancaro, Francesco. *De Trinitate et Mediatore Domini nostri Iesu Christo, adversus Henricum Bullingerum, Petrum Martyrem, et Ioannem Calvinum, et reliquos Tigurinae ac Genevensis Ecclesiae Ministros, et ecclesiae Dei perturbatores.* [Cracow: Heirs of Marcus Scharfenberg, 1562].

White, John. *Diacosiomartyrion, id est, Ducentorum virorum testimonium, de veritate corporis, et sanguinis Christi, in Eucharistia, ante triennium, adversus Petrum Martyrem, ex professo conscriptum. Sed nunc primum in lucem aeditum.* London: Robert Calus, 1552. White, Warden of Westminster (and later bishop under Mary I), first attempted to have this work in verse published at Louvain; the government of Edward VI blocked publication and imprisoned White.

Anon. *Nothwendige Erinnerung wie auch Warhafftiger Bericht / wider die in nächstem Reichßtag zu Regenspurg außgangene vermeynte Gegenbeweysung etlicher Heydelbergischen Theologen / darinn sie der uhralten / beständigen / unverfälschten Lehr und Bekündtnuss Herrn Huldrici Zwingli und Petri Martyris, von deß Herrn / Abendmahl / öfftentlich widersprechen / unnd doch etlichen vermeynten Augspurgischer Confession Verwandten zu Gefallen ein anders in Herren glauben und halten / ein anders mit Worten fürgeben / und wider ihr Gewissen die Einfältigen bereden wöllen. Gestellet durch ein Liebhaber der Warheit / mit Approbation etlicher fürnemmer Theologen der wahren Augspurgischen Confession zugethan.* Frankfurt am Main: Johann Spies, 1595.

Modern Works about Vermigli

This bibliography includes only items which have a primary or major focus on Peter Martyr Vermigli; book reviews and encyclopedia articles are not included.

Anderson, Marvin Walter. "Biblical Humanism and Roman Catholic Reform 1444-1563: A Study of Renaissance Philology and New Testament Criticism from Laurentius Valla to Pietro Martyre Vermigli," unpublished dissertation at Kings College Library, University of Aberdeen, 1964.

_____. *Peter Martyr Vermigli, A Reformer in Exile (1542-1562): A Chronology of Biblical Writings in England and Europe.* Nieuwkoop: B. De Graaf, 1975.

_____. "Peter Martyr on Romans" *Scottish Journal of Theology* 26 (1973): 401-420.

_____. "Peter Martyr, Reformed Theologian (1542-1562): His Letters to Bullinger and Calvin," *Sixteenth Century Journal* 4 (1973): 41-64.

_____. "Peter Martyr Vermigli: Protestant Humanist," in Joseph C. McLelland, editor, *Peter Martyr Vermigli and Italian Reform.* Waterloo, Ontario: Wilfrid Laurier University Press, 1980, 65-84.

_____. "Pietro Martire Vermigli on the Scope and Clarity of Scripture," *Theologische Zeitschrift* 30 (1974): 86-94.

_____. "Rhetoric and Reality: Peter Martyr and the English Reformation," *Sixteenth Century Journal* 19 (1988): 451-469.

_____. "Royal Idolatry: Peter Martyr and the Reformed Tradition," *Archiv für Reformationsgeschichte* 69 (1978): 157-201.

_____. "Word and Spirit in Exile (1542-1561): The Biblical Writings of Peter Martyr Vermigli," *Journal of Ecclesiastical History* 21 (1970): 193-201.

Ashton, J. W. "Peter Martyr on the Function and Character of Literature," *Philological Quarterly* 18 (1939): 311-314.

Beesley, Alan. "An Unpublished Source of the Book of Common Prayer: Peter Martyr Vermigli's *Adhortatio ad Coenam Domini Mysticam*," *Journal of Ecclesiastical History* 19 (1968): 83-88.

Boesch, Paul. "Julius Terentianus, Factotum des Petrus Martyr Vermilius und Korrector der Offizin Froschauer," *Zwingliana* 8 (1948): 587-601.

Brassel, Thomas. "Drei umstrittene Traktate Peter Martyr Vermiglis," *Zwingliana* 9 (1962): 476.

Camporeale, S. I. "Lo studio di McNair su Pietro Martire Vermigli. Giustificazione per fede o teologia umanistica?" *Memorie Domenicane* n.s 3 (1972): 180-197.

Corda, Salvatore. *Veritas Sacramenti: A Study in Vermigli's Doctrine of the Lord's Supper.* Zurich: Theologischer Verlag Zürich, 1975.

dall' Asta, G. "Pietro Martire Vermigli (1499-1562). La sua teologia eucharistica," *La scuola cattolica* 91 (1983): 275-303.

Di Gangi, Mariano. "Pietro Martire Vermigli 1500-1562: an Italian Calvinist," unpublished B.D. thesis at Presbyterian College, Montreal, 1949.

Donnelly, John Patrick. *Calvinism and Scholasticism in Vermigli's Doctrine of Man and Grace.* Leiden: Brill, 1976.

———. "Calvinist Thomism," *Viator* 7 (1976): 441-455.

———. "Italian Influence on the Development of Calvinist Scholasticism," *Sixteenth Century Journal* 7 (1976): 81-101.

———. "Marriage from Renaissance to Reformation: Two Florentine Moralists," *Studies in Medieval Culture* 11 (1977): 161-171.

———. "Peter Martyr on Fallen Man: A Protestant Scholastic View," dissertation at the University of Wisconsin, Madison, 1971.

———. "Short Title Bibliography of the Works of Peter Martyr Vermigli" in Robert M. Kingdon, editor, *The Political Thought of Peter Martyr Vermigli: Selected Texts and Commentary.* Geneva: Droz, 1980, 169-182.

———. "The Social and Ethical Thought of Peter Martyr Vermigli" in Joseph C. McLelland, editor, *Peter Martyr Vermigli and Italian Reform.* Waterloo, Ontario: Wilfrid Laurier University Press, 1980, 107-119.

———. "Three Disputed Vermigli Tracts," in Sergio Bertelli and Gloria Ramakus, editors, *Essays Presented to Myron P. Gilmore.* Florence: La Nuova Italia, 1978, 1:37-46.

Durand, Elie, *Vie de Pierre Martyr Vermigli.* Toulouse: Imprimerie A. Chauvin et Fils, 1868. Bachelor of Divinity thesis presented to the Faculty of Protestant Theology at Montauban.

Gandolfi, Emiliano, "La Riforma a Lucca: un quadro dell' origine e della diffusione del movimento riformatore," *Rivista di studi lucchesi* 9 (1980): 31-65.

Ganoczy, Alexandre, "La Bibliothèque de Pierre Martyr," in his *La Bibliothèque de l'Académie de Calvin.* Geneva: Droz, 1969, 19-27.

Gardy, Frédéric, "Les Livres de Pierre Martyr Vermigli conservé à la Bibliothèque de Genève," *Anzeiger für Schweizerische Geschichte* 50 (1919): 1-6.

Gerdes, Daniel. *Scrinium Antiquarium sive Miscellanea Groningana.* II, III. Groningen: Barlinkhof, 1753.

Gorham, George Cornelius. *Gleanings of a Few Scattered Ears, During the Period of the Reformation in England and of the Times Succeeding, A.D. 1533 to A.D. 1589.* London: Bell and Daldy, 1857.

Herkenrath, Erland. "Peter Martyr Vermiglis Vorarbeit zu einer zweiten christologischen Schrift gegen Johannes Brenz (1562)," *Blätter für württemburgischen Kirchengeschichte* 75 (1975): 23-31.

Huelin, Gordon. "Peter Martyr and the English Reformation," unpublished dissertation, University of London, 1955.

Hugelshofer, W. "Zum Porträt des Petrus Martyr Vermilius." *Zwingliana* 5 (1930): 127-129.

James, Frank A., III, "Late Medieval Augustinianism in the Thought of Peter Martyr Vermigli," unpublished dissertation, Westminster Theological Seminary, Philadelphia, PA, 1989.

Kingdon, Robert M. "Peter Martyr Vermigli and the Marks of the True Church," in F. F. Church and T. George, editors, *Continuity and Discontinuity in Church History: Essays Presented to George Huntston Williams.* Leiden: Brill, 1979, 198-214.

_____. "The Political Thought of Peter Martyr Vermigli" in Joseph C. McLelland, editor, *Peter Martyr Vermigli and Italian Reform.* Waterloo, Ontario: Wilfrid Laurier University Press, 1980 121-139.

_____. *The Political Thought of Peter Martyr Vermigli: Selected Texts and Commentary.* Geneva: Droz, 1980.

McLelland, J.C., and G. E. Duffield, editors. *The Life, Early Letters and Eucharistic Writings of Peter Martyr.* Abingdon, Oxford: Sutton Courtenay Press, 1989.

McLelland, Joseph C. "Calvinism Perfecting Thomism? Peter Martyr Vermigli's Question," *Scottish Journal of Theology* 31 (1978): 571-578.

_____. "Peter Martyr: Servant of the Sacrament," in his *The Reformation and Its Significance Today.* Philadelphia: Westminster, 1962, 53-66.

_____. *Peter Martyr Vermigli Newsletter* 1 (February, 1982); 2 (March, 1985); 3 (February, 1988 [sic], 1989).

_____. " Peter Martyr Vermigli: Scholastic or Humanist" in Joseph C. McLelland, editor, *Peter Martyr Vermigli and Italian Reform.* Waterloo, Ontario: Wilfrid Laurier University Press, 1980, 141-151.

_____. editor. *Peter Martyr Vermigli and Italian Reform.* Waterloo, Ontario: Wilfrid Laurier University Press, 1980.

_____. "The Reformed Doctrine of Predestination according to Peter Martyr," *Scottish Journal of Theology* 8 (1955): 257-265.

_____. *The Visible Words of God: An Exposition of the Sacramental Theology of Peter Martyr Vermigli, A.D. 1500-1562.* Edinburgh: Oliver and Boyd, 1957; reprinted Grand Rapids: Eerdmans, 1957.

McNair, Philip. "Peter Martyr in England" in Joseph C. McLelland, editor, *Peter Martyr Vermigli and Italian Reform.* Waterloo, Ontario: Wilfrid Laurier University Press, 1980, 85-105.

_____. *Peter Martyr in Italy: An Anatomy of Apostasy.* Oxford: Clarendon Press, 1967.

_____. *Pietro Martire Vermigli in Italia. Un' anatomia di un' apostasia.* Tr. E. Labauchi, Naples, 1971.

Overell, M.A. "Peter Martyr in England 1547-1553: An Alternative View," *Sixteenth Century Journal* 15 (1984): 87-104.

Paist, Benjamin F. "Peter Martyr and the Colloquy of Poissy," *Princeton Theological Review* 20 (1922): 212-231; 418-447; 616-646.

Paulus. "Die Stellung der protestantischen Professoren Zanchi und Vermigli zur Gewissensfreiheit," *Strassburger Theologischen Studien* 2 (1895): 83-102.

Ristori, Renzo. "Le Origini della riforma a Lucca," *Rinascimento* 3 (1952): 269-291.

Santini, Luigi. "Appunti sulla ecclesiologia di P. M. Vermigli e la edificazione della Chiesa," *Bolletino della società di studi valdesi* 104 (1958): 69-75.

_____. "'Scisma' e 'eresia' nel pensiero di P. M. Vermigli," *Bolletino della società di studi valdesi* 125 (1969): 27-43.

_____. "La Tesi della fuga nella persecuzione nella teologia di P. M. Vermigli," *Bolletino della società di studi valdesi* 108 (1960): 37-49.

_____. "Umanesimo e teologia nel primo catechismo della Riforma in Italia," *Protestantesimo* 43 (1988): 2-18.

Schlosser, Friedrich Christoph. *Leben des Theodore de Beza und des Peter Martyr Vermili.* Heidelberg: Mohr und Zimmer, 1809.

Schmidt, Charles. *Peter Martyr Vermigli: Leben und ausgewählte Schriften.* Elberfeld: R.L. Friederichs, 1858.

_____. *Vie de Pierre Martyr Vermigli.* Strasbourg: Silbermann, 1834.

Simler, Josiah. *Oratio de vita et obitu viri optimi, praestantissimi Theologi Petri Martyris Vermilii, Sacrarum literarum in schola Tigurina Professoris.* Zurich: Froschauer, 1563.

Spalding, James. "The *Reformatio Legum Ecclesiasticarum* of 1552 and the Furthering of Discipline in England." *Church History* 39 (1970): 162-171.

Staedtke, Joachim. "Der Züricher Prädestinationsstreit von 1560," *Zwingliana* 9 (1953): 536-546.

_____. "Drei umstrittene Traktate Peter Martyr Vermigilis," *Zwingliana* 9 (1962): 553-554.

Starr, G. A. "Antedatings from Nicholas Udall's Translation of Peter Martyr's Discourse," *Notes and Queries* n.s. 13 (1966): 9-12.

Steinmetz, David C. "Peter Martyr Vermigli (1499-1562): The Eucharistic Sacrifice," in his *Reformers in the Wings.* Philadelphia: Fortress Press, 1971, 151-161.

Sturm, Klaus. *Die Theologie Peter Martyr Vermiglis während seines ersten Aufenthalts in Strassburg 1542-1547.* Neukirchen: Neukirchener Verlag, 1971.

Young, M. *The Life and Times of Aonio Paleario, or the History of the Italian Reformers in the Sixteenth Century.* London: Bell and Daldy, 1860, 2 vols.

Index